D1565519

EL PODER DE LA BONDAD

Piero Ferrucci

El poder de la bondad

Sólo tendremos futuro
si pensamos con el corazón

Prefacio de S. S. el Dalai Lama

U R A N O

Argentina - Chile - Colombia - España
Estados Unidos - México - Uruguay - Venezuela

Título original: *Survival of the Kindest*
Traducción: Camila Batlles Vin

© 2004 *by* Piero Ferrucci. All Rights Reserved
   Published by arrangement with Linda Michaels Limited,
   International Literary Agents
© de la traducción 2005 *by* Camila Batlles Vin
© 2005 *by* Ediciones Urano, S. A.
   Aribau, 142, pral. – 08036 Barcelona
   www.mundourano.com
   www.edicionesurano.com

ISBN: 84-7953-600-4
Depósito legal: B. 24.776 - 2005

Fotocomposición: Ediciones Urano, S. A.
Impreso por Romanyà-Valls, S. A.
   Verdaguer, 1 – 08786 Capellades (Barcelona)

Impreso en España - *Printed in Spain*

Índice

Prefacio

S. S. el Dalai Lama

Éste es un libro con el que me identifico plenamente. Piero Ferrucci se ha basado en su amplia experiencia como psicoterapeuta y en lo que considero valores humanos fundamentales para escribir sobre la importancia de la bondad. Lo que más aprecio de su planteamiento es el hecho de que sitúa la bondad como el punto de partida, la fuente de la que fluyen muchas otras cualidades positivas, como la honestidad, el perdón, la paciencia y la generosidad. Es un enfoque a la par apremiante y estimulante.

Creo que si nos detenemos a pensar, está claro que nuestra supervivencia, incluso hoy en día, depende de las acciones y la bondad de multitud de personas. Desde el momento en que nacemos, nos hallamos bajo el cuidado y el cariño de nuestros padres; posteriormente, cuando nos enfrentamos al dolor de la enfermedad y la vejez, dependemos de nuevo de la bondad de los demás. Si al comienzo y al término de nuestra vida dependemos de la bondad de otros, ¿por qué en medio, cuando tenemos la oportunidad de hacerlo, no nos comportamos bondadosamente con los demás?

La bondad y la compasión constituyen los elementos principales que hacen que nuestra vida tenga significado. Son una fuente de alegría y felicidad permanente. Constituyen la base de un corazón benévolo, el corazón de una persona que se comporta movida por el deseo de ayudar a los demás. A través de la bondad, y por ende del calor, la honestidad, la verdad y la justicia hacia los demás, nos beneficiamos nosotros mismos. Es una cuestión de sentido común. La consideración hacia los demás es importante porque nuestra dicha está indisolublemente ligada a la dicha de los otros. Asimismo, si la sociedad sufre, nosotros también sufrimos. Por otra parte, cuanto más rencor albergamos en nuestro corazón y nuestra mente, mayor es nuestra desdicha. Por consiguiente, no podemos evitar la necesidad de ser bondadosos y compasivos.

La bondad crea una sensación de calor y receptividad que nos permite comunicarnos fácilmente con otras personas. Descubrimos que todos los seres humanos son como nosotros, de forma que podemos relacionarnos con ellos con mayor facilidad. Esto genera un espíritu de amistad en el que hay menos necesidad de ocultar lo que sentimos o lo que hacemos. En consecuencia, los sentimientos de temor, inseguridad y falta de confianza en nosotros mismos desaparecen automáticamente al tiempo que las personas aprenden a confiar de forma más fácil en los demás. Pero aún hay algo más: existen numerosas pruebas que indican que el hecho de cultivar unos estados de ánimo positivos como la bondad y la compasión favorecen una mejor salud psíquica y la felicidad.

Es muy importante que tratemos de hacer algo positivo con nuestra vida. No hemos nacido con el propósito de causar problemas o lastimar a otros. Para que nuestra vida tenga valor, como Piero Ferrucci demuestra ampliamente en estas páginas, y le agradezco que lo exprese con tanta claridad, debemos fomentar y estimular las cualidades humanas fundamentales como el afecto, la bondad y la compasión. Si somos capaces de lograrlo, nuestra vida tendrá más sentido, será más feliz y más serena, y haremos una aportación positiva al mundo que nos rodea.

18 de mayo de 2004

Introducción

La anciana había dejado de comer. Estaba sola en el mundo, olvidada por todos. Se sentía tan deprimida que era incapaz de probar bocado. La sola idea de ingerir comida la abrumaba. Encerrada en su silenciosa tristeza, tan sólo esperaba la muerte.

En estos momentos entra en escena Millina. Millina era mi tía, que cada tarde se dedicaba a atender a personas sin hogar, ancianos olvidados en residencias para la tercera edad, niños abandonados, seres marginados e inadaptados, moribundos. Intentaba que se sintieran un poco mejor.

Millina se encuentra con la anciana que ha dejado de comer. Habla con ella y consigue que le explique algo de ella. Con voz débil, la anciana le habla sobre sus hijos e hijas, le dice que están demasiado atareados para ocuparse de ella. Ya nadie va a visitarla. No padece ninguna enfermedad. Simplemente se siente agotada porque es incapaz de comer, y es incapaz de comer porque se siente agotada.

—¿Le apetece un poco de helado? —le pregunta Millina.

Resulta un tanto extraño ofrecer helado a una persona moribunda. Pero funciona. Con cada cucharada de helado que ingiere lentamente, la anciana recupera el color, su voz y sus fuerzas.

Es tan sencillo como ingenioso: si ofrecemos algo sabroso, fácilmente digerible, a una persona a la que le cuesta comer, conseguiremos reanimarla. Pero esta explicación es sólo parte del asunto. La solución del helado se le ocurrió a Millina porque se tomó la situación de la anciana con cariño. Porque comprendió que ésta no sólo necesitaba comida, sino ante todo cuidados, cariño, atención. Justamente lo que necesitamos todos, tanto como necesitamos oxígeno. Antes que el helado, lo que la anciana recibió era el calor de la solidaridad, y lo que hizo que sus mejillas recuperaran el color no sólo fue el alimento, sino, más importante aún, la bondad que le mostró Millina.

¿Bondad? Quizá nos parezca absurdo plantearnos siquiera este tema. Nuestro mundo está lleno de violencia, guerras, terrorismo y devastación. Pero la vida continúa justamente porque nos comportamos con bondad unos con otros. Pero no nos ufanamos de ello. Ningún periódico publicará mañana la noticia de una madre que le leyó a su hijo un cuento para que se durmiera, o de un padre que le preparó el desayuno a su hija, o de alguien que nos ha escuchado con atención, de un amigo que nos ha animado, de un extraño que nos ha ayudado a acarrear la maleta. Pero si nos detenemos a reflexionar en ello, hallamos bondad en nuestra andadura cotidiana. Muchos nos comportamos con buen corazón sin percatarnos de ello. Lo hacemos porque sabemos que es lo correcto.

Mi vecino Nicola anda siempre muy atareado, pero nunca desaprovecha la ocasión de echar una mano a alguien. Cada vez que mi esposa, mis hijos y yo tenemos que desplazarnos al aeropuerto desde nuestra casa en el campo, Nicola se ofrece espontáneamente para llevarnos en coche. Luego regresa en nuestro coche, lo deja en el garaje y, si vamos a ausentarnos durante varios días, desconecta la batería. Cuando regresamos, Nicola viene a recogernos al aeropuerto, tanto si hace un frío polar como un calor sofocante.

¿Por qué lo hace? ¿Por qué sacrifica media jornada, a cualquier hora del día, para hacernos un favor cuando podría realizar unas tareas más urgentes o gratas? Podría dejarnos en la estación de ferrocarril más cercana. Pero no: Nicola nos ofrece un servicio de puerta a puerta. Siempre encuentra el medio de ayudar a los demás.

La suya es una bondad pura y desinteresada. Por especial que parezca, no es excepcional. Por el contrario, está presente en una gran cantidad de interacciones humanas. Leemos sobre robos y asesinatos, pero el mundo continúa su marcha gracias a personas como Nicola. El entramado de nuestra vida se compone de consideración, solidaridad, servicio mutuo. Estas cualidades están tan imbricadas en nuestro quehacer cotidiano que ni siquiera reparamos en ellas.

Cuando alguien nos demuestra buen corazón nos hace bien. Piense en una ocasión en que alguien tuvo un gesto amable con usted, importante o insignificante. Un transeúnte le indica cómo llegar a la estación, o una extraña se arroja al río para salvarla de morir ahogada. ¿Qué efecto le produjo? Seguramente benéfico, porque si alguien nos ayuda cuando lo necesitamos, experimentamos una sensación de alivio. A todos nos gusta que nos escuchen, que nos traten con afecto y simpatía, que nos comprendan, que nos sostengan. La bondad nos salva la vida.

En el otro extremo de la relación ocurre otro tanto: ofrecer bondad nos hace tanto bien como el hecho de recibirla. Si aceptamos la definición más amplia de la bondad, que expondré en este libro, podemos afirmar sin temor a equivocarnos —y la investigación científica lo confirma— que las personas bondadosas son más saludables y viven más años, son más populares y productivas, alcanzan mayor éxito en sus asuntos y son más felices que otras. En suma, son más fuertes y están destinadas a vivir una vida más interesante y satisfactoria que las personas que carecen de esta cualidad. Están mejor dotadas para afrontar la vida en su feroz imprevisibilidad y precariedad.

Pero creo oír una objeción. Supongamos que somos bondadosos para sentirnos mejor y vivir más años: ¿no pervertiríamos entonces la misma naturaleza de la bondad? Ésta sería calculada y egoísta, y por tanto dejaría de ser auténtica bondad. Es cierto: la bondad deriva su propósito de sí misma, no de otros motivos. El verdadero beneficio de la bondad es ser bondadosos. Quizá más que cualquier otro factor, la bondad confiere significado y valor a nuestra vida, nos eleva sobre nuestros problemas y nuestras batallas, y hace que nos sintamos satisfechos de nosotros mismos.

En cierto sentido, todos los estudios científicos que demuestran las ventajas de la bondad son inútiles en tanto que incentivos, porque el único incentivo de la bondad no puede ser otro que el deseo de ayudar, el placer de ser generosos y respetuosos con los demás. No obstante, estos estudios poseen una extraordinaria importancia desde otro punto de vista: nos ayudan a comprender quiénes somos. Si gozamos de mejor salud cuando nos preocupamos de otros, cuando cultivamos nuestra empatía y receptividad hacia los demás, significa que hemos nacido para ser bondadosos. Si avanzamos pisoteando a otros, si cultivamos pensamientos hostiles o albergamos un rencor permanente, no nos beneficiaremos de ello. Y si ignoramos o reprimimos nuestras cualidades positivas, es posible que nos hagamos daño a nosotros mismos y a otros. Como sostiene el psiquiatra Alberto Alberti, el amor que no se expresa se convierte en odio, la alegría que no proporciona gozo se convierte en depresión. Sí, estamos *hechos* para ser bondadosos.

La investigación es una herramienta útil para comprendernos a nosotros mismos, pero no la única y definitiva. La sabiduría popular, el arte y nuestra propia intuición son también muy útiles. Como veremos, la bondad en todos sus aspectos puede convertirse en una extraordinaria aventura interior, que modifica radicalmente nuestra forma de pensar y de ser, y nos conduce con destreza a lo largo de nuestra trayectoria personal y espiritual. Varias tradiciones espirituales consideran que la bondad y el altruismo son la clave de la salvación o liberación. Sharon Salzberg, en su maravilloso libro *Loving Kindness*, cita la forma en que Buda enumera los beneficios de la bondad. Si uno es bondadoso:

1. Dormirá con facilidad.
2. Se despertará con facilidad.
3. Tendrá sueños agradables.
4. La gente le querrá.
5. Los *devas* (unos seres celestiales) y los animales le amarán.
6. Los *devas* le protegerán.
7. Los peligros externos (venenos, armas y fuego) no le lastimarán.
8. Lucirá un rostro radiante.
9. Su mente será serena.
10. No morirá en un estado de confusión.
11. Renacerá en un ámbito feliz.

Los grandes poetas han visto también, en el amor y el sentido de unidad que anida en todos los seres vivos, la esencia de nuestra vida y nuestra mayor victoria. Por ejemplo, Dante, en la *Divina comedia*, después de pasar por el infierno y el purgatorio, sube al cielo, y al final de su periplo, en el centro de la rosa mística, contempla a una «belleza risueña», que es la Virgen, el arquetipo de la feminidad. Según algunas interpretaciones, toda la *Divina comedia* es un viaje de autodescubrimiento y la reunión de un hombre con su parte femenina, su alma perdida, donde alma significa el corazón, y la capacidad de sentir y amar.

Goethe, en las partes primera y segunda del *Fausto*, la obra maestra en la que trabajó durante toda su vida, llega por un camino distinto a la misma conclusión. Según el pacto con el diablo, Fausto debe hallar un momento en su vida que haga que su existencia tenga significado, de lo contrario permanecerá eternamente cautivo del demonio. Fausto busca la felicidad en el éxtasis del gozo, la euforia del poder y la riqueza, y el sueño grandioso del saber científico. Pero no la encuentra. Al final, cuando parece que todo está perdido y el diablo se presenta para reivindicar con arrogancia su victoria, Fausto halla la dicha en el eterno femenino: el amor, la ternura y el calor.

Regresemos a la Tierra. Confío en que haya quedado claro que me refiero a la bondad auténtica. Dios nos libre de los sucedáneos: la bondad interesada, la generosidad calculada, la cortesía superficial. Y también la bondad de mala gana. ¿Existe algo más bochornoso que el que alguien nos haga un favor por un sentimiento de culpabilidad? Los psicoanalistas se refieren a otro tipo de bondad, tras la cual hay una ira oculta: una «formación reactiva». La idea de sentir ira nos disgusta, por lo que reprimimos inconscientemente este lado oscuro y nos comportamos con bondad. Pero es una conducta falsa y engañosa, y no tiene nada que ver con lo que sentimos en nuestro fuero interno. Por último, la debilidad pasa a veces por bondad: decimos sí cuando queremos decir no, acatamos la decisión de otro porque queremos caerle bien, nos doblegamos porque tenemos miedo. Una persona demasiado buena y sumisa a la postre es una perdedora.

Debemos rechazar eso. Mi tesis se basa en que la bondad auténtica es una forma de ser genuina, fuerte y cálida. Es el resultado de la interacción de varias cualidades, como el calor, la confianza, la paciencia, la lealtad, la gratitud y muchas otras. Cada capítulo de este libro aborda la bondad desde el punto de vista de una de estas cualidades. Es una variación del mismo tema musical.

Si no posee ninguna de estas cualidades, la bondad resulta menos convincente, menos auténtica. Cada una de estas cualidades basta por sí sola, si la evocamos y la cultivamos, para revolucionar nuestra psique y modificar nuestra vida de modo radical. Juntas, su acción es aún más eficaz y profunda. Desde esta perspectiva, la bondad es sinónimo de salud mental.

Los beneficios de la bondad y sus cualidades son variados. ¿Por qué las personas agradecidas son más eficientes? ¿Por qué los que se sienten integrados en su entorno son menos propensos a la depresión? ¿Por qué las personas altruistas gozan de mejor salud, y los individuos que confían en los demás viven más años? ¿Por qué la persona que sonríe es considerada más atractiva? ¿Por qué es beneficioso cuidar de un animal de compañía? ¿Por qué los ancianos que conversan más con otras personas tienen menos probabilidades de contraer la enfermedad de Alzheimer? ¿Y por qué los niños que reciben más amor y atención se convierten en unos adultos más saludables e inteligentes? Porque estas actitudes y conductas, que constituyen diversos aspectos de la bondad, nos aproximan a lo que estamos destinados a hacer y a ser. Es muy sencillo: si nos relacionamos mejor con los demás, nos sentimos mejor.

La bondad, como veremos, presenta múltiples facetas. Pero su esencia es bien simple. Comprobaremos que la bondad es una forma de esforzarnos menos. Es la actitud más económica que existe, porque nos permite ahorrar mucha energía, que de otro modo desperdiciaríamos con sospechas, preocupaciones, resentimiento, manipulación, o una actitud innecesariamente defensiva. Es una actitud que, al eliminar lo superfluo, nos permite gozar simplemente de ser.

La bondad está ligada a lo más tierno e íntimo que llevamos en nuestro interior. Es un aspecto de nuestra naturaleza
que con frecuencia no expresamos plenamente —en especial
los hombres en nuestra cultura, aunque también las mujeres—, porque tememos que si revelamos esta faceta vulnerable de nuestro ser nos pueden hacer sufrir, ofender, ridiculi-
zarnos o manipularnos. Pero en realidad comprobamos que
cuando no la expresamos es cuando sufrimos. Y que al tocar
este núcleo de ternura, nuestro mundo afectivo se enriquece y
estamos abiertos a innumerables posibilidades de cambio.

Esta tarea no siempre es sencilla. Con frecuencia la cultura en la que vivimos nos coarta. Esto se debe a que todos nos
hallamos inmersos en un «enfriamiento global». Las relaciones humanas se han vuelto más frías. Las comunicaciones son
más apresuradas e impersonales. Los valores como la renta-
bilidad y la eficacia han asumido una mayor importancia, a
costa del auténtico calor y la presencia humana. Los afectos
familiares y los lazos de amistad se resienten y son menos duraderos. Los signos proliferan, y son especialmente visibles
cuando nos afectan de forma personal, en las pequeñas catás-
trofes de la vida cotidiana.

Llamamos por teléfono para hablar con una persona, y
oímos una voz digital que nos ofrece una lista de opciones.
Aparcamos el coche, y comprobamos que el empleado del
parking ha sido sustituido por un parquímetro. Esperamos
una carta de un amigo, y recibimos un correo electrónico. La
granja que tanto nos gustaba ha desaparecido, sustituida por
un edificio de hormigón. Observamos que los ancianos no están tan bien atendidos y no son tan respetados como antaño.
Nuestro médico está más interesado en los resultados de las
pruebas que en escucharnos y observarnos. Y en lugar de jugar a la pelota en el patio trasero, los jóvenes se mueven hoy
en día en el mundo virtual de los videojuegos. Por otra parte,

el calor humano, eliminado de la vida cotidiana, se «vende» en la actualidad como un producto: «helados caseros», pan horneado como antiguamente, pasta como la que preparaba la abuela, el coche que hace que nos sintamos como si estuviéramos de nuevo en el útero materno, el teléfono que nos permite comunicarnos. Es decir, lo que antes era real y gratuito, ahora se ha vuelto virtual. Y esto la mayoría de las veces se paga.

Los sentimientos humanos no siempre permanecen inmutables. Experimentan un cambio en cuanto al énfasis y el tono a través de los siglos. Así, podemos referirnos a una historia de emociones. Estoy convencido de que atravesamos un período glacial del corazón, que se inició aproximadamente con la Revolución Industrial y continúa en nuestra era postindustrial. Las causas de este período glacial son múltiples: las nuevas condiciones de vida y formas de trabajo, el descubrimiento de nuevas tecnologías, el declive de la familia numerosa, las grandes migraciones, debido a las cuales las personas son desarraigadas de sus lugares de nacimiento, el debilitamiento de los valores, la fragmentación y superficialidad del mundo contemporáneo y el ritmo acelerado de la vida.

No me malinterpreten, no añoro los viejos tiempos. Por el contrario, creo que vivimos en una época extraordinaria. Si deseamos cultivar la solidaridad, la bondad y la consideración hacia los demás, hoy en día disponemos de más conocimientos, instrumentos y posibilidades que nunca. Con todo, el período glacial que atravesamos es preocupante, y no me sorprende que vaya unido a una epidemia de depresión y ataques de pánico, probablemente los dos trastornos psicológicos más ligados a la falta de calor, a la ausencia de una comunidad que nos proteja y tranquilice, y al escaso sentido de pertenecer a una comunidad.

Por más que la bondad pueda parecer trivial, tiene un papel decisivo en nuestra vida. Posee el sorprendente poder de transformarnos, quizá más que ninguna otra actitud o técnica. Aldous Huxley, el gran autor inglés, era un pionero en el estudio de las filosofías y técnicas destinadas a desarrollar los potenciales humanos, inclusive unos enfoques tan diversos como el vedanta, los estados psicodélicos, las técnicas corporales, la meditación, el trance hipnótico y el budismo zen. Siendo ya anciano, Aldous dijo durante una de sus conferencia: «Con frecuencia la gente me pregunta cuál es el sistema más eficaz para transformar su vida. No deja de ser desconcertante que después de tantos años de investigación y experimentación deba decir que la respuesta más acertada es: "procura ser un poco más bondadoso"».

Ésta es también la filosofía del Dalai Lama. Su lema «mi religión es la bondad» es una de las frases más simples y más eficaces que jamás he oído. Es como una $E = mc^2$ del espíritu, un principio universal que contiene un enorme potencial de bondad y supera todos los dogmas, invitándonos a concentrarnos en un tema esencial y mostrándonos la forma más sencilla de alcanzar la liberación.

Pero un momento. Aunque no cabe duda de que somos altruistas, a la vez somos la especie más cruel del planeta. Nuestra historia está trufada de maldad y horrores. No obstante, un punto de vista unilateral y rígido de la naturaleza humana es tan falso como peligroso. La imagen de unos humanos primitivos luchando por sobrevivir mediante la violencia y la opresión es engañosa. Si nuestra larga evolución ha prosperado, se debe también a que hemos sido bondadosos. Cuidamos de nuestros hijos y los protegemos durante más tiempo que cualquier otra especie de mamíferos. La solidaridad de los humanos ha facilitado la comunicación y la cooperación. Así es como nos hemos enfrentado a la adversidad, como hemos desarrollado nuestra inteligencia y nuestros múltiples recursos. Gracias al calor y a los cuidados que hemos dado y recibido, hemos triunfado hasta la fecha, porque nos hemos ayudado mutuamente. Ahora, en el siglo XXI, una persona bondadosa no es un mutante extraño en un mundo violento. Es un ser humano que sabe sacar el mejor provecho de las facultades que nos han ayudado a lo largo de nuestra evolución.

Es indudable: a todos nos iría mucho mejor si viviéramos en un mundo más amable. La bondad, en el sentido más amplio del término, es el remedio universal, en primer lugar para el individuo, porque sólo podemos sentirnos bien si somos capaces de cuidar de nosotros mismos, de amarnos a nosotros mismos; y luego para todos nosotros, porque si tenemos unas relaciones más satisfactorias, nos sentimos bien y todo nos va mejor.

La bondad es esencial a todos los niveles de la educación, pues aprendemos más en un clima de afecto y atención que de indiferencia y represión. Un niño tratado con ternura crece más sano, un estudiante tratado con respeto y atención hace más progresos. La bondad es un ingrediente necesario también en el ámbito de la salud. Los pacientes que son tratados con empatía y bondad sufren menos y se curan antes.

¿Y los negocios y el comercio? Aquí llegamos a la misma conclusión. Las empresas que explotan a sus trabajadores, degradan el medio ambiente, engañan al consumidor y crean una cultura de desechos posiblemente ganen a corto plazo, pero a la larga compiten en condiciones menos favorables que las empresas que, atendiendo a sus intereses, respetan el medio ambiente, no se aprovechan de sus empleados y ofrecen un buen servicio a los clientes.

En el ámbito político, la bondad equivale a renunciar al dominio y al afán de venganza, reconocer los criterios de los demás, sus necesidades y su historia. Por lo demás, la violencia y la guerra demuestran ser una forma absurda e ineficaz de resolver los problemas mundiales, un método que genera ira y renovada violencia, caos, despilfarro de los recursos, sufrimiento y pobreza.

Por último, debemos afanarnos en incorporar la bondad a nuestra relación con el medio ambiente. Si no respetamos y amamos la naturaleza, si no la tratamos con el cariño y la consideración que merece, terminaremos intoxicados por nuestros propios venenos.

No obstante, aún no sabemos quiénes somos realmente. La versión definitiva no existe todavía. Somos capaces de los crímenes más horrendos y de los actos más nobles. Ninguno de estos potenciales ha sido determinado con la suficiente claridad para permitirnos definirlo como un rasgo dominante de la naturaleza humana.

Todo depende de nosotros. Es una elección que cada uno debe hacer: tomar por el camino del egoísmo y el abuso, o el de la solidaridad y la bondad. En este apasionante pero peligroso momento de la historia de la humanidad, la bondad no es un lujo, sino una necesidad. Si nos tratamos mejor unos a otros, y a nuestro planeta, quizá logremos sobrevivir, incluso prosperar. Si somos más bondadosos, quizá comprobemos que nos hemos hecho el regalo mejor y más inteligente desde el punto de vista egoísta.

Honestidad

Todo es más fácil

Con frecuencia la honestidad nos turba. La verdad puede ser dura e incómoda, el que la dice peca de falta de tacto, el que la recibe se disgusta por la revelación. «No me gusta cómo te has cortado el pelo», «La comida que has preparado está sosa», «No me apetece estar contigo esta noche», «Utiliza el desodorante», «Mamá, soy homosexual». ¿Cómo encaja esto en la bondad, que por definición es cómoda, cálida y suave como un edredón de plumas? ¿Pueden coexistir la honestidad y la bondad? ¿O debemos elegir entre una y otra?

Veamos. Hace un tiempo mi familia y yo nos subimos a un tren sin haber adquirido los billetes, porque decidimos comprárselos al interventor del tren. Cuando éste se acercó, yo le dije:

—Hemos llegado a la estación en el último momento, de modo que le pagaremos ahora.

—Te equivocas, no fue así —terció de pronto mi esposa Vivien—, tuvimos tiempo de sobra para comprarlos.

El interventor nos miró perplejo. No es que mi esposa Vivien desee causarme problemas, sino que es incapaz de mentir. Pero yo también decía la verdad. Llegamos a la estación diez minutos antes de que el tren partiera, por lo que no había tenido tiempo suficiente para familiarizarme con la complicada máquina expendedora de billetes. El interventor acepta mi explicación y me dirigió una mirada clandestina de solidaridad. Deduzco que es muy posible que también él esté casado.

Esta reluctancia a mentir, por incómoda que resulte a veces, es un aspecto de la naturaleza humana, una reacción espontánea de nuestro organismo. Unos días antes mi esposa había ido de compras con nuestro hijo Jonathan de seis años. Quería devolver una camiseta en un supermercado, cambiarla por una de otra talla, cuando Jonathan, con toda su buena fe, dijo:

—¡Pero si no compramos la camiseta aquí, mamá! La compraste en otra tienda.

Tras unos minutos de bochorno, el misterio quedó aclarado: la otra tienda pertenecía a la misma cadena de supermercados, y el cambio, aunque un tanto inusual, se llevó a cabo. El candor de los niños es delicioso, siempre y cuando se adapte a nuestros compromisos cotidianos.

De entrada parece que decir la verdad es más incómodo y complicado que mentir. Es justamente esta convicción la que nos lleva a mentir, con el fin de ocultar nuestras debilidades y evitar dar explicaciones o crearnos problemas, por pereza o quizá por temor. Pero es mentir lo que, a la larga, resulta más difícil y nos complica la vida.

La máquina detectora de mentiras se basa justamente en este principio. Cuando mentimos, sometemos nuestro cuerpo a un estrés. El estrés puede medirse: la sudoración, las palpitaciones, la tensión muscular y arterial aumentan. Nosotros no nos percatamos de esos síntomas, pero son fácilmente detectables mediante instrumentos científicos. Cuando mentimos, confiamos en que no se note. Cuando fingimos, realizamos un gran esfuerzo, pues debemos inventar una mentira y nos preocupa que nos descubran. Procuramos evitar que se descubra el engaño, lo cual intensifica nuestra ansiedad.

¡Qué trabajo! Todo esto ha quedado demostrado por los últimos métodos destinados a hallar la base fisiológica de mentir. La exploración computarizada de la actividad cerebral muestra que cuando mentimos nuestro cerebro realiza unas complejas operaciones que son innecesarias cuando decimos la verdad. El científico que inventó este método sostiene que el cerebro dice la verdad «por defecto», lo que significa que estamos programados para ser honestos.

Ser transparentes es un alivio. Las aguas turbias ocultan un sinfín de sorpresas desagradables. El agua clara nos muestra el fondo del mar, la basura y el detritus en caso de que existan, pero al mismo tiempo los peces multicolores, las conchas, las estrellas de mar. La honestidad nos permite mirar a otro a los ojos y ver a través de ellos su corazón, porque no existe velo alguno, ni engaño. Nos permite mostrarnos tal como somos, y mirar a los demás de frente, sin desviar la mirada.

La honestidad funciona en sentido bilateral: hacia nosotros mismos y hacia los demás. Conocernos a nosotros mismos, según dice el psicólogo Sydney Jourard en su libro *The Transparent Self*, es la condición sine qua non de la salud mental. Pero no podemos conocernos si permanecemos aislados. En primer lugar debemos dejar que los otros nos conozcan, sin mentiras ni dobleces. Según Jourard, todos los síntomas neuróticos, como el temor a salir de casa o la depresión, no son sino unas barreras que erigimos para ocultarnos de los demás. Tan pronto como nos volvemos más transparentes, empezamos a sentirnos mejor. No obstante, yo añadiría que también podemos aprender, paralelamente, a ser honestos con nosotros mismos, a escrutar con mirada firme nuestro mundo interior sin que éste nos produzca rechazo. Escribir sobre nosotros mismos es una forma de conectar con nuestras emociones, una autorrevelación, lo cual nos permite conectar mejor con los demás. Como dice Polonio: «Ante todo uno debe ser honesto consigo mismo, de lo que resulta, como la noche sigue al día, que uno no puede ser falso con nadie».

Veamos un caso extremo: los excéntricos, unas personas que son honestas consigo mismas, que no pretenden hacerse pasar por lo que no son y que respetan profundamente lo que sienten. Un estudio, realizado hace varios años, demostró que los excéntricos viven más años y son más felices que la mayoría de la gente. El autor del estudio escribió un interesante libro sobre ellos. En él vemos el caso del hombre que caminaba siempre hacia atrás (de esta forma viajó desde California a Estambul); de la mujer que recogía lo que los demás desechaban, y que adquirió un teatro abandonado para albergar todo lo que había acumulado; del hombre que se desplazaba montado en un artilugio compuesto por un caballito de madera y una bicicleta; de la mujer que cada noche invitaba a un grupo de ratas a cenar, y otros muchos casos. Debido a que los excéntricos no están sometidos al estrés de tener que adaptarse a los demás, su sistema inmunitario es más resistente. Son más sanos y más felices.

Son unos casos extremos. Pero el tema es el mismo: la honestidad. Podemos aprender mucho de los excéntricos. El no tener que fingir simplifica nuestra vida. Por otra parte, pasarse la vida fingiendo ser lo que uno no es requiere un esfuerzo gigantesco. En *La Divina comedia*, Dante describe a los hipócritas en el infierno. Éstos van cubiertos con una pesada capa metálica: dorada por fuera, pero de plomo por dentro. Es agobiante arrastrar esta reluciente capa, tan falsa como pesada, que representa lo que no son y jamás pueden ser.

Retomemos la pregunta inicial: ¿son incompatibles la bondad y la honestidad? La honestidad, a veces tan dura, tiene mucho en común con la bondad, aunque puedan parecer antitéticas. Porque si en la base de la bondad hay falsedad, deja de ser bondad y se convierte en falsa cortesía. No brota del corazón, sino del temor a arriesgarse, a provocar una reacción violenta o a afrontar acusaciones y disputas. ¿Qué prefiere usted: la bondad auténtica, dispuesta siempre a decir la verdad por incómoda que sea, o la educación de alguien que evita la confrontación, que asegura estar divirtiéndose cuando se aburre, que dice sí cuando quiere decir no, y que sonríe cuando se retuerce por dentro?

A lo largo de mi carrera de psicoterapeuta he conocido a multitud de personas que decían sí cuando querían decir no. Incluso han dicho sí a importantes compromisos, como el matrimonio, la adquisición de una vivienda, un contrato laboral. Y han dejado que otros utilizaran y abusaran de su tiempo y espacio. («¿Por qué no sales con nosotros esta noche?», «¿Puedes hacer este trabajo por mí?», «¿Puedes quedarte con mis dos gatos mientras estoy fuera?» «¿Puedo quedarme en tu casa unas semanas?» «Por supuesto.») La incapacidad de pronunciar la palabra mágica en ocasiones conduce al desastre. Hace que las personas convivan con alguien que les repele, en una casa en la que no se sienten a gusto, que realicen el trabajo de otros y que pierdan la serenidad de ánimo. Las obliga a vivir una vida que no es la suya, y todo porque no tienen el coraje y la honestidad de decir una sencilla palabra, firme y sincera, que salvaría sus vidas y las de otros: «NO».

En un famoso libro para niños, *Jorge y Marta*, dos hipopótamos de edad indeterminada, que son muy amigos, sufren los lógicos altibajos de la amistad. Mi episodio favorito es cuando Jorge visita a Marta, quien se afana en preparar su especialidad para cenar: sopa de arvejas. Jorge detesta este plato, pero no tiene el valor de decírselo a Marta. De modo que mientras ella está en la cocina, Jorge vierte disimuladamente la sopa dentro de sus zapatos, fingiendo habérsela comido y disfrutado. Pero Marta descubre el engaño. Tras unos momentos de turbación, ambos llegan a la conclusión de que, precisamente porque son amigos, deben decirse la verdad. El no tener que comer un plato que no nos gusta es un ejemplo simbólico. Si nos lo comiéramos, no lo digeriríamos, como todo lo que hacemos a regañadientes porque no tenemos el valor de negarnos. A veces, para ser amables, debemos aprender en primer lugar a cuidar de nosotros mismos.

Un hombre célebre se encontró en cierta ocasión en esta tesitura. Albert Schweitzer fue invitado por la familia real noruega a un banquete en su honor, después de haber ganado el Nobel de la Paz. Le sirvieron arenque, un pescado que detestaba. Por una parte se sentía obligado a cumplir con el requisito de no dejar comida en el plato, y por otra no quería desairar a sus anfitriones negándose a comer el arenque. De modo que cuando la reina, que estaba sentada a su lado, se volvió unos instantes hacia el otro lado, Schweitzer se guardó el arenque en el bolsillo de la chaqueta.

—¡Qué rápidamente se ha comido el arenque! —comentó la reina con una sonrisa divertida—. ¿Le apetece otro?

Schweitzer no deseaba ofender a nadie, y había solventado el problema ocultando el arenque en su bolsillo. Él también fue incapaz de decir no, al menos en esta ocasión. Es probable que, pese a su inocente ardid, no consiguiera digerir bien la comida, pues años más tarde no se resistió a relatar esta historia. Me pregunto cuántos llevamos un arenque en el bolsillo.

Obrar honestamente —incluso a riesgo de decir una verdad desagradable, o decir no y contrariar a otros—, si se hace con inteligencia y tacto, a la larga es preferible, porque así respetamos nuestra integridad y reconocemos la capacidad en los demás de ser competentes y maduros. Un profesor de música que conozco me dijo en cierta ocasión: «Creo que es más amable por mi parte decir a un alumno que no posee talento y aconsejarle que deje los estudios y se dedique a otra cosa para la que está más dotado que animarle a continuar. Si para no herirle digo algo que no creo, le engaño, y quizá prolongo durante años su frustración y derrota. Si en lugar de ello le digo lo que pienso, quizá se disguste al principio, pero al menos sabrá la verdad y podrá decidir lo que crea más oportuno. Esto para mí es la auténtica bondad».

Piense en cómo se sentiría si descubriera alguna vez que alguien trataba de protegerle, por ejemplo ocultándole la gravedad de una enfermedad, no revelándole un asunto espinoso del que todo el mundo estaba al corriente, no diciéndole que se le había corrido el maquillaje o que llevaba la bragueta desabrochada. Todo por educación, para protegerle. Sin duda se sentiría subestimado, incluso traicionado. ¿Por qué no ha tenido nadie el valor de decírmelo?

Pero la honestidad es una conquista. Debemos aprenderla paulatinamente, lo cual hace que seamos más fuertes y maduros. Los antiguos aztecas creían que nacemos sin rostro y que lo adquirimos poco a poco, a medida que nos desarrollamos. Pero esto sólo lo conseguimos honrando la verdad. Si mentimos, o si no sabemos lo que queremos decir, tendremos un rostro sin forma. Sólo si poseemos un rostro auténtico podremos salir de Tlalticpac, el mundo de los sueños.

Ser honesto significa asimismo reconocer un problema, en lugar de fingir que no existe. Hace tiempo mi hijo Emilio debía regresar a la escuela después de las vacaciones. La perspectiva no le gustaba y se sentía angustiado. Para él, el siguiente curso escolar era un monstruo que le amenazaba y quería aplastarlo. ¿Qué puede hacer un padre o una madre en esa situación? Yo traté de animarle, distraerle, convencerle de que no era tan horrible como imaginaba, pero fue en vano. Al fin se me ocurrió ofrecerle algo que supuse que resolvería el problema. Propuse a Emilio algo que en nuestra familia es casi tabú: un plato de patatas fritas en un restaurante de comida rápida. Emilio suele sentirse atraído por todo lo prohibido, especialmente por la comida basura. Yo creí que había dado en el clavo. Pero me equivoqué. La respuesta de Emilio es digna de esculpirla en piedra:

—Papá, no puedes resolver un problema con patatas fritas.

Tenía razón. No podemos fingir que los problemas no existen, ni resolverlos con distracciones efímeras. Debemos afrontarlos con valentía y honestidad. Ofrecer patatas fritas a mi hijo para consolarlo y aliviar su angustia no fue un acto de bondad. Yo había optado por la solución más fácil, demasiado fácil. Había hallado la forma más cómoda de salirme del aprieto. Su respuesta fue una lección de honestidad.

Pero la honestidad no sólo tiene que ver con los aspectos difíciles e ingratos de la vida, sino que está relacionada, en mayor medida, con los aspectos creativos y hermosos. A menudo, por extraño que parezca, ocultamos estos aspectos: nuestra ternura, nuestra buena fe, nuestros pensamientos originales, nuestra capacidad de conmovernos. En parte lo hacemos por un sentido de discreción: no queremos abrumar a los demás con nuestras emociones. Pero principalmente lo hacemos para protegernos. No queremos que los otros nos vean así. Nos sentiríamos débiles, vulnerables, incluso ridículos. Es preferible parecer un poco cínico, incluso duro, o, cuando menos, no arriesgarnos a mostrar nuestros sentimientos y emociones. No obstante, de esa forma nos separamos de la parte más espiritual y hermosa de nuestro ser. E impedimos que los otros la vean.

Y eso no es todo. Ser honesto es más fácil que mentir. La mentira tiene mil caras, la verdad sólo una. Podemos fingir que sentimos unas emociones que en realidad no sentimos, ser muchas personas que no somos. Pero si dejamos de fingir, todos los artificios y esfuerzos que apuntalan nuestra vida se desmoronan. ¡Qué alivio!

Recuerdo que cuando hice el servicio militar, había un soldado en mi compañía que era un fanfarrón. Solía jactarse de haber ganado el campeonato mundial de palabrotas (posteriormente averigüé que había sido en un concurso en su pueblo). Era el tipo de persona que, dijeras lo que dijeras, siempre trataba de eclipsarte. Una noche él y yo nos pusimos a charlar sobre diversos temas, cuando de pronto mi colega mudó de expresión. Empezó a hablar sobre el temor que le inspiraba la muerte, sobre el vacío, sobre el amor. Se convirtió en una persona totalmente distinta, más profunda y auténtica. Le dije que era mucho más agradable conversar con él en esas circunstancias, y le pregunté por qué había decidido quitarse la máscara esa noche.

—A veces tienes que dejarte de tonterías y decir la verdad —respondió.

Al igual que todos, he cometido actos de hipocresía emocional. Comprendo a las personas que no desean mostrar sus auténticos sentimientos. En ocasiones se impone la reserva. Pero en otras no. En mi trabajo como psicoterapeuta, a menudo escucho historias tanto terribles como hermosas, que muchas veces me conmueven. ¿Es correcto que mi cliente se percate de que me siento implicado en lo que me relata, o conviene que me oculte detrás de una máscara impasible? Las opiniones al respecto abundan, y a mi modo de ver un psicoterapeuta no debería revelar siempre sus emociones, pues pueden inducir a malentendidos y perjudicarle. Pero la psicoterapia sólo funciona en una buena relación, y una buena relación sólo es buena si es honesta.

En cierta ocasión, mientras escuchaba la historia de una cliente, me sentí conmovido. Ella lo notó y me lo dijo. Por más que traté de ocultar mi emoción, no conseguí convencerla. En esos momentos comprendí lo débiles y torpes que nos mostramos cuando tratamos de ocultar nuestros sentimientos. Y lo importante que es, dentro de los límites del tacto y el buen gusto, ser sinceros y demostrar sin tapujos lo que sentimos y quiénes somos. ¿Cuándo somos más ambles, cuando ocultamos nuestro calor, nuestros sueños, nuestras dudas y nuestro sentido del humor, o cuando los revelamos?

La honestidad no sólo es compatible con la bondad auténtica, sino que constituye su misma base. La falsa bondad contamina y dificulta la auténtica bondad. Si uno no vive en la verdad, no puede comunicarse con otros, no puede confiar, no puede relacionarse con los demás. Si uno no llama a las cosas por su nombre, por duro que sea, vive en un mundo de sueños. No hay sitio para usted y para mí, sólo para perniciosas quimeras. En tanto en cuanto mentimos, vivimos una vida despojada de realidad. Y la bondad no puede existir en un mundo de máscaras y fantasmas.

Calor humano

La temperatura de la felicidad

Hace muchos años, mi trabajo me llevó a una ciudad de Estados Unidos en una noche de invierno. Mi vuelo había sufrido un importante retraso. Yo no llevaba dinero, no había comido y tenía frío. Para colmo, en la zona de la ciudad donde debía alojarme se había producido un corte de fluido eléctrico, por lo que estaba a oscuras. Desprovisto de todas las protecciones que nos ofrece la civilización, me sentí a merced de lo irracional. Por más que la razón me decía que no corría ningún peligro, todos mis primitivos sistemas de alarma se dispararon: hambre, oscuridad, frío, sin un punto de referencia, sin una presencia amiga. Llegué al punto de que no sabía qué hacer. Estaba al borde de un ataque de pánico.

De pronto oí a alguien pronunciar mi nombre en la oscuridad. Jamás me alegré tanto de oírlo. Y nunca me he sentido tan profundamente conmovido por una voz. Era la del amigo con quien debía reunirme, el cual, sorprendentemente, había logrado dar conmigo en la oscuridad. Esa voz salvadora me infundió calor.

En esos momentos, mejor dicho, al cabo de un rato, después de haber comido y funcionar de nuevo con normalidad, comprendí lo precaria que es la situación humana, lo indefensos y vulnerables que somos en un mundo impersonal e indiferente. Comprendí que la situación de los bebés, tan necesitados de cuidados, afecto y calor, es la misma en la que nos hallamos todos. Cada día muere un sinfín de personas, o mueren poco a poco por falta de calor humano: niños abandonados, trabajadores que ganan una miseria y son explotados, ancianos solos y olvidados por todos en el mundo anónimo de las grandes urbes. Y cada día miles de personas compensan su estado crónico de falta de cariño con todo tipo de sustitutos: atiborrándose de comida, practicando el sexo sin amor, buscando una felicidad ilusoria en los paraísos del consumismo, o adoptando una conducta violenta.

Por lo general, el sentido que asociamos principalmente con el calor es el tacto. Pero el sonido, que es una forma de tacto a distancia, puede aportarnos calor cuando estamos lejos. Hemos visto cómo, cuando me sentí perdido en un lugar extraño, fui rescatado por una voz. Y una conocida mía, a la que llamaré Dorothea, me contó otra historia. Cada noche oye a la niña pequeña de sus vecinos llorar en el apartamento contiguo al suyo. Los padres la acuestan sola en la oscuridad. La niña llora durante largo rato, mientras los padres miran la televisión. Su llanto desesperado expresa angustia, soledad. ¿Qué debería hacer Dorothea? No está segura. Si habla con los padres quizás empeore la situación. Por fin decide cantar. Al igual que ella oye a la niña llorar, ésta puede oírla a ella. Cada noche, cuando los padres acuestan a la niña, Dorothea le canta unas dulces nanas, le habla a través de los delgados tabiques, la tranquiliza y consuela. La pequeña escucha la voz invisible pero amiga, deja de llorar y se duerme plácidamente. El calor de la voz de la extraña la ha salvado de su gélida soledad.

A propósito del calor, ¿cómo imagina usted el infierno? ¿Humo, fuego, horquillas incandescentes, olor a carne chamuscada? Según nos han contado, es un lugar abrasador. Incluso un racionalista como Voltaire, cuando yacía en su lecho de muerte y vio que una cortina había caído en la chimenea y estaba ardiendo, exclamó con una mezcla de ironía y asombro: «*Déjà les flammes!*» (¡Ya han aparecido las llamas!)

Pero ¿estamos seguros de ello? El *Infierno* de Dante contiene una imagen poética de una gran eficacia: el punto inferior y más terrorífico del infierno es un lugar silencioso y gélido. Los traidores, condenados por haber cometido el más infame de los pecados, tienen la cabeza sumergida en un pantano eternamente congelado. Esas almas condenadas son incapaces de emoción alguna y no vacilan en traicionar a su familia, su país, sus amigos. El infierno es la ausencia de todo sentimiento. Es la negación del calor: un lugar tenebroso y siniestro en el que uno está solo y sin amor.

Más adelante, Dante escala la Montaña del Purgatorio: un largo y arduo ascenso, que representa la labor de purificación y fortalecimiento necesaria para encontrarnos a nosotros mismos. En la cima del Purgatorio se topa, al cabo de mucho tiempo sin verla, con Beatrice, su antiguo amor, que aquí representa la Verdad. Beatrice se muestra fría con él: no corre a abrazarlo. Desea que Dante sienta remordimientos por haberla olvidado. Beatrice le reprocha su conducta. ¿Por qué me abandonaste? Es al mismo tiempo la rabieta de una mujer airada y el grito imperioso de la Verdad contra quienes se empecinan en seguir por el sendero equivocado. Dante se queda helado, como la nieve que corona los Apeninos. Pero la nieve se derrite bajo los rayos del sol primaveral. Dante también se deshiela y rompe a llorar. Siente de nuevo el calor de la emoción. Posteriormente «se siente purificado, dispuesto a trepar hasta las estrellas».

Para Dante el calor es el potencial de toda emoción, y por ende lo que hace que la vida sea posible. Asimismo, el calor representa para él el requisito indispensable de la transformación. Como de costumbre, un poeta ha comprendido lo que los científicos e investigadores descubrirían siglos más tarde. No podemos vivir sin el calor y la proximidad de otros. Desde hace muchos años sabemos que un bebé no puede sobrevivir sin el calor de su madre. El calor físico —sentir que nos tocan, nos abrazan, nos protegen, nos cuidan, nos acarician, nos mecen— no es un lujo, sino un requisito imprescindible para vivir. Si los bebés no lo obtienen, mueren, y si no lo obtienen en la medida que lo necesitan, no prosperan. De mayores se convierten en personas pusilánimes, neuróticas, agresivas y posiblemente criminales.

Todo comenzó hace años. El calor es una necesidad biológica fundamental. Las crías de todos los mamíferos no sobreviven sin los cuidados tiernos y afectuosos de la madre. Es posible que los adultos sobrevivamos sin calor, pero es una vida dura y triste. El calor de otra persona nos tranquiliza, sana nuestras heridas, nos consuela y hace que nuestras posibilidades afloren. Piense en cómo un encuentro con una persona calurosa y amable hace que nos sintamos mejor. No tenemos que fingir, competir ni demostrar lo que somos. Y ese calor hace que nos sintamos más competentes. El calor no sólo confirma lo que somos, sino lo que podemos llegar a ser.

Al igual que los bebés, los adultos necesitamos sentir auténtico calor, un calor psicológico. Y físico: a veces necesitamos que nos toquen y nos acaricien como cuando éramos bebés. Pero ante todo necesitamos hablar con alguien, con una persona que nos conozca y nos aprecie. Una persona que nos quiera. El calor deja de ser un hecho biológico para convertirse en una metáfora. Es una cualidad que vemos en los ojos de una persona, que oímos en su voz, que intuimos por la forma en que nos saluda. Esta cualidad física y otrora inmediata —cuando nos sostenían en brazos y nos alimentaban— se ha convertido ahora en algo más infrecuente, aunque no menos real y deseado, que se halla en la base misma de la bondad.

Casi nunca sentimos el calor suficiente, especialmente en esta época de enfriamiento global. Por esto el calor se ha convertido en un producto de consumo: si usted ansía obtener el maravilloso don del calor que nos da vida y nos proporciona placer, y no lo encuentra en su vida, yo se lo venderé. En un gigantesco letrero de color naranja que he visto, aparece un atractivo bol que contiene una humeante sopa de verduras, debajo del cual hay está escrito en grandes letras: «Esto es amor». Es un anuncio de una multinacional de productos congelados. Ésta es la situación: todo el mundo está demasiado atareado, nadie te recibirá esta noche en tu casa con una suculenta sopa caliente de verduras. Es difícil concebir un símbolo más acertado de amor gratificante y reconfortante. ¡Qué solaz nos procuran esas cucharadas de sopa, y qué placer! ¡Y qué alivio saber que alguien nos ama y nos ha preparado un sublime y nutritivo plato de sopa! Pero en estos momentos esa persona está muy atareada, o quizá se ha olvidado de usted, o ni siquiera existe. De modo que usted puede echar mano de una sopa industrial preparada en un lugar lejano, congelada y presentada en un envoltorio esterilizado. No se preocupe, se descongela en un santiamén. A fin de cuentas, da lo mismo, ¿no? Aquí la tiene, deliciosa, lista en pocos minutos, al alcance de todos. ¡Cómprela, cómasela y cállese! El calor viene incluido en el precio: «Esto es amor».

Es la misma sopa para todo el mundo. Cuando el calor es auténtico, nadie es igual que los demás, del mismo modo que no existen dos sopas iguales. Todos somos amados por quienes somos, con nuestras virtudes y nuestros defectos. Nos aman porque somos irremisiblemente nosotros mismos. Pero cuando el calor disminuye, todos somos iguales, anónimos. Al igual que el calor pone de realce nuestra personalidad y hace que nos sintamos especiales e indispensables, la frialdad puede convertirnos en unas sombras sin nombre. En cierta ocasión tuve que ir al dermatólogo. No vi sólo a un médico, sino a un equipo de especialistas. Uno de ellos, una mujer, me examinó el pie durante largo rato con una lupa, sin decir una palabra. Al término de la consulta, cuando me disponía a marcharme, y después de que la doctora terminara de escribir sus notas, alzó la cabeza y al verme allí exclamó sobresaltada: «¿Quién es usted? ¿Qué hace aquí?».

No se había percatado de que yo era el dueño del pie que había estado examinando. Para la doctora yo era simplemente una imagen que debía ser analizada con lupa. En esos momentos me vio por primera vez como una persona en su totalidad, pero para ella tenía más sentido cuando era sólo un pie sin un nombre y una voz. Eso es el anonimato.

Otro aspecto del calor, que convierte una realidad biológica en recuerdo y metáfora, es la proximidad. La persona que tenemos cerca es íntima y cálida; la que está lejos, inaccesible y fría. Al comienzo de nuestra vida éste es un hecho físico. Los bebés recién nacidos conocen a su madre por su olor. Posteriormente esta intimidad se convierte en algo más subjetivo. Es posible que una persona cercana a nosotros se encuentre a miles de kilómetros. Lo cierto es que no basta con tocarse y abrazarse. El calor deviene una cualidad más sutil, aunque no menos importante. La intimidad no es sólo física, sino psicológica y espiritual. Es la facultad de entrar y dejar que entren, de conocer y dejar que nos conozcan. De revelar nuestros sueños, nuestras facetas más extrañas y turbadoras. De vivir sin temor.

Con frecuencia damos el calor por descontado, y sólo reparamos en él cuando ha desaparecido. Entonces comprendemos su importancia. Eso fue lo que me ocurrió con respecto a dos funerales, acaecidos con varios años de distancia uno de otro. El primero fue el de mi abuelo. Yo iba, por primera vez en mi vida, en el coche fúnebre que transportaba el ataúd. Desde él podía observar la reacción del mundo exterior al vernos pasar. Era una reacción claramente visible. La gente se detenía para dejarnos pasar, algunos se quitaban el sombrero, otros se santiguaban. Eran gestos de respeto y reconocimiento. Alguien había muerto y sus deudos estábamos de luto. Me sentí reconfortado. La muerte había dejado de ser un hecho solitario. Al cabo de casi treinta años falleció mi madre. La misma ciudad, el mismo itinerario y procedimiento. Pero los tiempos habían cambiado. Las personas pasaban junto a nosotros apresuradamente y sin reparar en nuestra presencia. La ciudad no se detuvo, sino que todo el mundo siguió con sus quehaceres cotidianos. Ni un signo de reconocimiento. Sentí que me hallaba en un mundo más frío, más indiferente. Entonces comprendí lo importante que es el calor y el apoyo de quienes nos rodean.

No obstante, oponemos muchas resistencias al calor y a la intimidad. Tememos que si establecemos una excesiva intimidad con una persona o nos mostramos demasiado abiertos nos invadirán, controlarán o lastimarán. Son viejos temores, en parte irracionales, en parte legítimos. A fin de cuentas, nuestra integridad territorial es una victoria. Nos ha llevado millones de años convertirnos en individuos. Es natural que defendamos nuestra victoria. Tememos que una excesiva intimidad haga que nuestros límites territoriales dejen de existir, que nosotros mismos quedemos pulverizados. Pero a menudo esos límites se convierten en barreras, las membranas se osifican y no dejan que penetre nada. Nos encerramos en la gélida fortaleza de nuestra soledad.

El calor hace que la vida sea más fácil. La frialdad hace que sea más difícil. En una situación cálida y amable, es más fácil pedir un favor (y conseguirlo), decir cosas desagradables, aceptar y ser aceptados; es más fácil reír y gozar. En una fábula de Esopo, el viento y el sol hacen una apuesta para ver quién consigue que un viajero se desnude antes. El viento comienza a soplar. Pero el viajero no se desnuda. El viento sopla más fuerte. El viajero no sólo no se despoja de sus ropas, sino que se arrebuja en ellas. El viento se pone a soplar con todas sus fuerzas, como un huracán, un tornado. En lugar de desnudarse, el viajero se abriga más. Entonces aparece el sol y comienza a brillar. El viento ha remitido. Hace calor. El viajero se desnuda. Ha ganado el sol, no por medio de la fuerza, sino del calor.

Los beneficios del calor, si incluimos tocar y hablar, son enormes. Ashley Montagu, en su obra clásica, ha demostrado que tocar potencia la salud de todos los mamíferos: animales, niños, adultos. Otro estudio clásico, realizado en 49 culturas por el neurofisiólogo James W. Prescott, demuestra que en las sociedades que prodigan afecto a los bebés la tasa de ostentación de riqueza, de codicia, de robos, asesinatos y tortura de enemigos es baja. En las sociedades que demuestran escaso afecto hacia los bebés, la esclavitud está presente, el estatus de la mujer es inferior y los dioses son representados como unos seres agresivos. Prescott considera el calor durante la infancia, y el mostrarse abierto al placer corporal, como el medio más sencillo y eficaz de transformar nuestra psicobiología de violencia en una psicobiología de paz.

Durante los últimos decenios, varios estudios han confirmado lo que sabemos intuitivamente desde hace siglos. Y los últimos trabajos de investigación han sido aún más específicos. Con respecto a los niños y adolescentes, el calor de los padres hacia sus hijos ayuda a éstos a sentirse bien consigo mismos, a ser independientes y a tener un buen rendimiento en la escuela. ¿Y los adultos? Con motivo de un estudio, interrogaron a 10.000 hombres israelíes sobre su salud, hábitos y circunstancias, entre otras cosas. «¿Le demuestra su esposa que le ama?» Una respuesta negativa a esta pregunta era el indicador más fiable de una posible angina de pecho. Es esencial tener alguien con quien hablar, para llenar el vacío de la soledad. Para los ancianos, la oportunidad de charlar disminuye el riesgo de contraer la enfermedad de Alzheimer. ¿Cabe interpretarlo como una mera estimulación intelectual? No. Otro estudio demuestra que lo que ayuda a personas ancianas que padecen demencia a que sufran menos y estén de mejor humor es el hecho de que las toquen.

Los efectos del calor y la bondad son duraderos. En los años cincuenta, un grupo de estudiantes de Harvard fue sometido a unas pruebas para un trabajo de investigación sobre la longevidad. Todos los datos básicos sobre sus vidas fueron recogidos pormenorizadamente. Treinta y seis años más tarde, 126 accedieron a participar de nuevo en el estudio. Fueron divididos en dos grupos: en uno se agruparon a los que describían a sus padres como personas cálidas, pacientes y afectuosas, en el otro estaban los que describían a sus padres como impacientes, fríos y brutales. El primer grupo mostró una incidencia inferior a la media de úlceras, alcoholismo y enfermedades coronarias, mientras que el segundo grupo mostró una tasa muy superior a la media. En el primer grupo, el 25 por ciento de los participantes había padecido una enfermedad grave; en el segundo, el 87 por ciento.

Quizá se haya percatado usted a estas alturas de un dato curioso. Aunque en este libro nos referimos por lo general a los beneficios que obtiene el que ofrece bondad, aquí nos referimos a los beneficios que obtiene el que la *recibe*. La contradicción se resuelve cuando nos hacemos la siguiente pregunta: cuando acariciamos a un gato que ronronea de gozo, ¿quién da y quién recibe calor? O, cuando disfrutamos de la compañía de alguien, ¿quién da y quién recibe ternura? Si damos calor, no terminamos sintiendo frío. El beneficio es simétrico. Al ofrecer calor —y de paso nuestra presencia vital, nuestra actitud positiva y tolerante, nuestro corazón— aportamos a las vidas de quienes nos rodean unos cambios vitales, a veces extraordinarios. Y nosotros experimentamos también unos cambios.

Cuando una persona ha sentido frío y halla calor, es como comprobar que la vida ofrece unas posibilidades infinitamente mayores. Los sentimientos no constituyen una irritante variable, sino una gran riqueza que nos permite conocer lo que antes ni siquiera habíamos imaginado. Como dijo Pascal, «el corazón tiene razones que la razón no entiende». El conocimiento del corazón nos da la oportunidad de conocer a otros, no como unos datos estadísticos o unos títeres inanimados, sino como unos seres humanos vitales, pletóricos de esperanzas y sueños. El conocimiento del corazón es instintivo, directo, silencioso. Usted, como amigo, sabe que sus amigos le necesitan. Usted, compañero, es consciente de que su compañera tiene problemas, o de que las cosas le van bien. Usted, padre, sabe lo que siente su hijo sin tener que preguntárselo.

¿Cómo sería la vida sin calor e intimidad? Imaginemos una vida en la que ha desaparecido todo afecto, como un río que se ha secado. Imaginemos que incluso el recuerdo del calor y el afecto se ha disipado. Nos movemos entre los demás sin sentir. Es un mundo en el que imperan unos límites rígidos y precisos, en el que sólo cuentan las cifras y los datos concretos.

Por otra parte, el calor puede ser agobiante. Todos conocemos a esos individuos intolerables que ansían obtener calor a toda costa, que nos abrazan, nos tocan e invaden sistemáticamente nuestra intimidad. A veces la frialdad es necesaria, al igual que la distancia y los límites. En ocasiones la fría objetividad es conveniente. Puede ser reconfortante contemplar un mundo a nuestro alrededor sin el filtro de las emociones y las preferencias. Pero a la larga un mundo frío e inanimado es aburrido, por no decir mortal. Imaginemos lo contrario, nuestra vida saturada de calor y ternura. Nos sentimos lo suficientemente fuertes para bajar la guardia. Somos capaces de aportar alivio y felicidad con nuestra mera presencia, y conocemos bien el mundo interior de los demás, poseemos la facultad de percibir los pensamientos más íntimos y las motivaciones de los otros. Amor, amistad, bondad devienen el sentido de nuestra vida y nuestro valor más preciado. ¿No le parece perfecto?

Mi hijo Jonathan me contó que un día, durante una excursión con la escuela, cansado tras una larga caminata, se quedó rezagado detrás de los demás y se sintió solo y perdido. Pero un amigo le esperó amablemente y le dijo: «¡Ánimo, Jonathan, tú puedes conseguirlo!» Y Jonathan lo consiguió. El apoyo de su amigo bastó para ayudarle. Jonathan lo llama «una ayuda reconfortante»: la atención y una palabra amable en un momento difícil. Quizá sea lo que todos necesitamos, en nuestra trayectoria vital, para dar el siguiente paso.

Perdón

Vivir el presente

Hace años, una amiga mía se dedicaba a preguntar a la gente qué era lo más importante en sus vidas? Las respuestas eran previsibles —salud, amor, seguridad económica—, y a menudo iban acompañadas de una explicación, como si la persona que respondía no estuviera segura y quisiera justificar su respuesta también ante sí misma. Un día mi amiga planteó esta pregunta a su padre, que estaba en la cocina preparándose un café. La respuesta fue simple, serena y espontánea, y no precisaba más comentario: «Perdonar».

El padre de mi amiga era judío, y toda su familia había sido exterminada en el Holocausto. (Posteriormente había vuelto a casarse y había emigrado a Australia, donde había nacido mi amiga.) He visto fotografías de su familia. El padre de mi amiga las conserva en una caja de hojalata, lo único que le queda de su familia debido a la tragedia. Son fotos de personas como usted y como yo, ajenas a la catástrofe que se les viene encima. La que más me llamó la atención fue la fotografía de una niña. Al contemplarla uno la imagina asistiendo a la escuela, o jugando, o conversando con sus padres. Una niña preciosa que ya no existe. He tratado de comprender lo que ese hombre debió de sentir al darse cuenta de que la había perdido, y con ella, a su esposa, sus padres, su hermano y su hermana, su trabajo, su hogar. Por más que me esfuerzo, sólo logro imaginar, de forma vaga y borrosa, el horror de esos momentos, la incredulidad y el insoportable dolor.

Pero ese hombre fue capaz de perdonar. No sólo eso, fue capaz de afirmar que el perdón era el valor más importante. Su actitud me parece una magnífica victoria. Y es gracias a esta victoria —más que a los milagros de la electrónica, la genética o la astronáutica— como la civilización sigue siendo posible. Es gracias a este hombre, y a muchos otros como él, que no hemos caído del todo en el barbarismo.

Aunque quizá sí hayamos caído. Lea el periódico cualquier día, y se asombrará al comprobar el cúmulo de resentimiento que existe aún en la Tierra. Para comprender lo que esta oscuridad supone para todos, imagine una posibilidad, una paradoja. Mañana por la mañana nos despertamos y comprobamos que todo el mundo ha perdonado cuanto había que perdonar y que ha hecho acopio de valor para pedir perdón por todas las faltas cometidas. Piense: ¿qué ocurriría si la población X perdonara a la población Z por la terrible matanza perpetrada hace muchos años? ¿Y si el grupo étnico X perdonara al grupo étnico Z, que siglos atrás le había oprimido, violado a sus mujeres, explotado a sus hombres, maltratado a sus niños y expoliado sus recursos? ¿Y si las naciones A y B reconocieran el derecho de ambas de existir libremente, sin temor y opresión, olvidando las injusticias que las dos habían cometido y padecido? ¿Y qué ocurriría si nos despertáramos y comprobáramos que incluso los individuos se habían perdonado mutuamente todas sus injusticias y, en lugar de reciclar el pasado, por fin eran capaces de vivir con plenitud el presente?

Todos emitiríamos un suspiro de alivio. El ambiente se relajaría y sería infinitamente más grato. Y muchas personas descubrirían por primera vez la maravilla de vivir el momento presente, en lugar de invertir constantemente una gran parte de sus energías en reproches y acusaciones, reviviendo hechos acaecidos en el pasado. Las relaciones entre las personas serían más abiertas, y toda la energía invertida en culpabilizar a otros, en odio, prejuicios y revanchismo, circularía libremente y alimentaría miles de proyectos nuevos.

Tal vez sea una utopía. No obstante, el perdón es sin duda posible a escala más reducida. Pero ante todo aclaremos cualquier malentendido: debido precisamente a su valor e importancia, no debemos ridiculizar el perdón caricaturizándolo. En primer lugar, no es lo mismo que condonar. Si hace tiempo fui víctima de una injusticia, es posible que tema que se repita, o que su gravedad sea subestimada. Quizá tema que la persona que cometió la injusticia quede impune, o incluso que se ría a mis espaldas. Por consiguiente prefiero guardar silencio.

No se trata de esto. El perdón significa que no deseo seguir albergando ira debido a una vieja ofensa y, por ende, amargándome la vida. Perdono, sí, pero teniendo bien presente el daño que se me hizo y procurando que no vuelva a ocurrir. Una persona que perdona puede seguir viviendo en un mundo en el que no se tolera la injusticia; no es preciso que mantenga su sistema de alarma permanentemente conectado ni sus cañones apuntando persistentemente al enemigo.

El perdón tampoco es un acto noble, mediante el cual afirmo mi superioridad moral y me felicito por mi nobleza y generosidad al tiempo que pienso en el pobre imbécil que me ha perjudicado, el cual sin duda se está abrasando en el infierno por el mal que cometió. No. El perdón es un acto íntimo destinado a que nos reconciliemos con el pasado y saldemos viejas deudas.

No es una decisión sencilla. Por el contrario, ante todo es irracional, porque las cuentas no cuadran. ¿Cómo podemos perdonar una ofensa que ha durado años, una calumnia que nos ha destruido la vida o una traición que ha desintegrado nuestra familia? ¿Cómo puede repararse un daño de ese calibre? No hay palabras ni dinero que puedan compensar la muerte de un ser querido atropellado por un conductor borracho. El perdón va contra toda lógica y matemática. Por lo demás, el perdón es, o puede ser, peligroso, no sólo porque nos exponemos a que se repita la injusticia que padecimos en un principio, sino a sentirnos frágiles y vulnerables. Nos sentimos vulnerables porque nuestra identidad, como la parra que crece sobre una columna y se aferra a ella, va unida al mal que hemos recibido. Tememos que si perdonamos, perderemos nuestra identidad y nos sentiremos inseguros. Por otra parte, si no perdonamos, la ira y la indignación pueden ofrecernos una fuerza espuria y sostener el entramado de nuestra personalidad. Pero ¿deseamos realmente ese tipo de apoyo?

Tampoco debemos contemplar el perdón como la ausencia de rencor, un vacío emocionalmente neutral. O como el alivio de la tensión, la relajación de un músculo después de tensarlo durante un rato. El perdón es una cualidad positiva. Contiene alegría y fe en los demás, generosidad de espíritu. Ilógico y sorprendente, a veces sublime, nos libera de antiguas cadenas de resentimiento. El que perdona se siente esperanzado.

En mi labor como psicoterapeuta, cuando propongo esa posibilidad a un paciente («¿Ha pensado en la posibilidad de perdonar?»), siempre dudo, preguntándome si no le estoy pidiendo demasiado. No obstante, a veces el perdón es el único remedio para aliviar un intenso sufrimiento. He conocido a muchas personas que han perdonado. Algunas habían padecido graves daños: un acoso insoportable y unas injusticias que las habían destruido, la ignominia de los campos de concentración, maltratos en la infancia, o abusos sexuales. Pero habían sido capaces de perdonar, y yo estuve presente en el momento en que lo hicieron, un momento extraordinario en el que una pesadilla concluye y el que perdona se siente renacer en la alegría.

He conocido también a personas a las que les cuesta perdonar unas ofensas relativamente leves. Sus vidas se han convertido en una amargura permanente, una protesta silenciosa. El daño sufrido aparece ante sus ojos como una película que se repite sin solución de continuidad. Sus músculos, su aliento y su expresión facial revelan que siguen bloqueadas debido a una ofensa perpetrada contra ellas hace diez o veinte años, por la que siguen fomentando un profundo rencor y se levantan cada día para vivir una existencia en respuesta a esa ofensa, como si aún la padecieran. El tiempo no existe en el inconsciente: el pasado es un presente vivo.

Esta incapacidad de perdonar provoca un daño permanente. Comparemos a una persona incapaz de perdonar con una ciudad con un tráfico congestionado. Las calles están bloqueadas; los coches no pueden circular y se quedan atascados con el motor en marcha, exhalando unos humos que contaminan el ambiente. Las personas se sienten frustradas e inmovilizadas, no pueden trabajar ni comunicarse con los demás. Son incapaces de gozar de la vida. Éste es el estado de la persona incapaz de perdonar: un rencor empantanado que genera renovado rencor, bloqueando la energía vital, entorpeciendo el pensamiento, envenenando la vida.

Para comprender mejor el perdón debemos tener en cuenta un principio básico: cada elemento de un ser humano incide en los demás elementos. Las emociones inciden en el cuerpo; la función de un órgano incide en los demás órganos; el pasado incide en el presente, y el presente en el futuro; la relación con una persona influye en la relación con otra, y así sucesivamente. La multiplicidad de las interacciones es especialmente evidente en el perdón. Por ejemplo, si hace doce años mi tío Harry me causó un perjuicio y no le he perdonado, el recuerdo influirá en mi relación con mi primo Joe, el hijo de Harry. Si presto mi coche a mi amiga Shirley y ésta me lo devuelve abollado, el incidente puede alterar mi actitud con respecto a prestar cualquier objeto, o hacia los coches, o hacia las personas. Si he tenido una relación maravillosa e intensa con una mujer, pero ésta me ha hecho daño y no la he perdonado por ello, es posible que mi relación con el mundo femenino sea insegura, quizá contaminada por la desconfianza y el resentimiento.

Y esto no es todo. Está demostrado que cada uno de nuestros pensamientos incide en cada célula de nuestro cuerpo. El pensamiento es capaz de regular la tensión arterial y por consiguiente el flujo sanguíneo en todas las zonas del cuerpo. La calidad de nuestros pensamientos incide en todo nuestro organismo. ¿Queremos generar pensamientos de odio y venganza, o de amor y felicidad? Con motivo de un famoso experimento se pidió a los participantes que recordaran dos experiencias relacionadas con la deslealtad, una en la que la deslealtad hubiera sido cometida por el padre o la madre, y otra por un compañero o compañera. Los participantes fueron conectados a unos aparatos detectores de estrés, para comprobar su tensión arterial, palpitaciones, tensión muscular en la frente y reacción galvánica de la piel. Los resultados fueron muy reveladores. El experimento mostró que las personas se dividían en dos categorías: las capaces de perdonar, por un lado, y las incapaces de perdonar, por el otro. Las incapaces de perdonar mostraban una elevada tasa de estrés, mientras que las capaces de perdonar tenían menos problemas de salud y visitaban al médico con menos frecuencia. En otro estudio, quedó demostrado que las personas capaces de perdonar, aparte de gozar de mejor salud, padecen menos ansiedad y depresión. El perdón estimula la salud física y mental.

Al ayudar a mis clientes a perdonar, he observado dos factores muy útiles: en primer lugar, debemos reconocer el mal que hemos recibido, el sufrimiento, en ocasiones terrible, al que aún no nos hemos enfrentado. No podemos fingir que no ha ocurrido nada. Antes de olvidar la injusticia, debemos reconocerla y sentirla plenamente. No debemos apresurarnos a perdonar por el simple hecho de perdonar. Sólo lograremos perdonar después de experimentar el impacto del daño recibido. Es una paradoja, pero el mismo concepto del perdón es una paradoja.

Es indudable: en ocasiones la ira no desaparece. Si hemos sido víctimas de una injusticia —alguien ha roto una promesa, nos ha robado dinero—, sentimos una rabia que nos reconcome, o bien la expresamos de una forma destructiva. Pero a veces basta con que reconozcamos que estamos furiosos para sentirnos mejor. La ira no es una cuestión nimia. Es una realidad física de una extraordinaria intensidad: nos hierve la sangre, el rencor nos devora, no podemos digerir una ofensa, sentimos un pellizco en el corazón, alguien nos provoca quebraderos de cabeza, algo nos sienta como una patada en el hígado... Son frases que utilizamos comúnmente para referirnos a los efectos físicos de la ira. Si le concedemos cierto espacio, nos sentiremos distintos, quizá hasta decidamos qué hacer al respecto. En lugar de explosionar o implosionar, quizá expresemos nuestra ira de modo constructivo, haciendo valer nuestros derechos pero sin lastimar a nadie, o utilizando su energía para impulsar nuestros proyectos. Pero hasta que no afrontemos nuestra ira, ésta persistirá, y no podemos ocultarla debajo de la alfombra. La bondad no tendrá cabida en nuestro corazón.

Otro factor importante (sobre todo si conocemos personalmente al culpable) es sentir empatía por la persona que nos ha ofendido. Si logramos colocarnos en su lugar, entender sus intenciones y su sufrimiento junto con el nuestro, nos será más fácil perdonarle. Comprenderemos por qué hizo lo que hizo. No es casualidad que las actividades cerebrales del perdón y la empatía se produzcan en la misma área del cerebro.

Así pues, sólo conseguiremos perdonar si nos situamos en el lugar del otro; si en vez de juzgarle tratamos de comprenderle; si somos lo suficientemente humildes para dejar de ser el santo patrón de la justicia, y lo bastante flexibles para superar las ofensas y los resentimientos. Aprender a perdonar nos lleva a una transformación radical de nuestra personalidad.

Por estos motivos, ser capaz de perdonar y de decir «lo siento» constituyen dos caras de la misma moneda: ambas requieren la misma humildad y flexibilidad. Una fábula oriental se refiere a un rey inflexible y autoritario que deseaba que todo el mundo le llamara «Noble y Luminosa Divinidad». Era una apelativo que le complacía y decidió asumirlo. Un día averiguó que había un anciano que se negaba a llamarlo por ese nombre. El rey ordenó que condujeran al anciano ante él y le preguntó el motivo de su negativa.

—No es por rebeldía ni falta de respeto, sino simplemente porque no os considero de esa forma —respondió el anciano—. No sería sincero.

El anciano pagó un elevado precio por su sinceridad. El rey ordenó que le encerraran durante un año en un siniestro calabozo, y pasado ese tiempo mandó que le condujeran de nuevo ante él.

—¿Has cambiado de parecer?

—Lo lamento, pero sigo sin consideraros de esa forma.

Otro año encerrado en un oscuro calabozo, a pan y agua. El anciano perdió mucho peso, pero no cambió de parecer. El rey estaba furioso, pero al mismo tiempo intrigado. Decidió liberar al hombre y seguirlo disimuladamente. El anciano regresó a su humilde choza de pescador, donde fue recibido con gran alegría por su esposa.

Ambos conversaron, mientras el rey los escuchaba oculto. La mujer estaba furiosa con el monarca por haberle arrebatado durante dos años a su marido y haberlo tratado con crueldad. Pero el anciano no compartía ese criterio.

—No es tan malo como crees —dijo—. Es un buen rey. Se ocupa de los pobres, construye carreteras y hospitales, promulga unas leyes justas.

El rey se sintió profundamente impresionado por las palabras de ese anciano que no sólo no le guardaba rencor, sino que ensalzaba sus virtudes. Sintió remordimientos. Sollozando, decidió salir de su escondite y se presentó ante el hombre y su esposa.

—Te debo una disculpa. Pese a lo que te hecho, tú no me odias.

El anciano miró sorprendido al rey y respondió:

—He dicho la verdad, Noble y Luminosa Divinidad. Sois un buen rey.

El monarca le miró atónito.

—Me has llamado Noble y Luminosa Divinidad... ¿Por qué?

—Porque habéis sido capaz de pedir perdón.

¿Es preciso explicar por qué la capacidad de perdonar es inherente a la bondad? Aunque sea evidente, conviene que quede claro. No podemos ser benévolos en tanto carguemos con el peso del rencor. Ni mientras seamos demasiado inflexibles para pedir perdón. Ni mientras nuestras emociones estén empañadas por el sentimiento de culpabilidad o el afán de venganza.

Sólo podemos ser benévolos cuando el pasado deja de dominarnos.

Con todo, a veces es imposible perdonar. Por más que lo

intentamos, no logramos hacerlo. La ofensa es demasiado grave, el dolor demasiado intenso y el perdón parece imposible. Pero existe una solución. Es justamente en esa situación cuando podemos comprender realmente lo que significa perdonar. Es en ese momento cuando debemos cambiar nuestro punto de vista. Muchos problemas no pueden solventarse al nivel en que existen: debemos analizarlos entonces desde otro prisma.

Por ejemplo, caminamos por la ciudad y al llegar a una esquina, topamos con una persona que corre atolondradamente, nos tira al suelo y sigue su camino sin detenerse siquiera para disculparse. Cualquiera en esta situación se sentiría enojado. Pero imagine que observa la escena desde lo alto de un rascacielos. Ve a dos personas que chocan. Pero no sólo eso. Ve a muchas otras personas en la ciudad, y en los edificios, los coches, los aparcamientos, quizás en un estadio de fútbol, o un aeropuerto, en las fábricas, en el campo. Lo ve todo desde la distancia, y con cierto desapego. Lo ve todo desde otro punto de vista. Y el incidente le parece distinto, menos grave porque lo ve en un contexto mayor y desde más lejos.

Nosotros podemos hacer lo mismo con nuestros problemas, nuestras heridas, nuestras obsesiones y nuestras ansiedades. Nos desplazamos, por así decir, a otro lugar dentro de nosotros. Alcanzamos ese núcleo, un lugar en nuestro interior en el que no estamos heridos, sino sanos, fuertes y receptivos. Estoy convencido de que incluso los que han sido víctimas de graves perjuicios siguen poseyendo ese núcleo sano. Pero se han olvidado de él.

¿Cómo podemos hallar de nuevo ese núcleo que permanece intacto, incontaminado por los aspectos ingratos de la vida, no corrompido por el compromiso, no abrumado por los problemas, no debilitado por el temor? La respuesta varía según cada persona. Algunos conectan de nuevo con la parte vital y alegre de su ser a través de la meditación. Otros lo consiguen a través de la actividad física. Otros hallan su auténtica naturaleza cuidando de los enfermos y los desfavorecidos. Y otros lo logran a través de la belleza, la oración o la reflexión. Todos tenemos nuestra propia forma de conectar de nuevo con ese núcleo indemne, nuestro ser auténtico. Y si no sabemos cómo hacerlo, podemos buscar el medio. Es una de las aventuras más gloriosas, quizá la más gloriosa de nuestra existencia.

Si conseguimos regresar, siquiera un momento, a nuestro centro, las disputas y los resentimientos nos parecerán una pérdida de tiempo absurda. He visto ese cambio de perspectiva en muchos clientes míos. Si les pregunto sin rodeos si están dispuestos a perdonar un agravio que sigue reconcomiéndoles, algunos se consideran incapaces de hacerlo. Pero si les ayudo a hallar un lugar en su interior, un lugar más sereno, donde el amor y la belleza son posibles, no necesitan seguir esforzándose: encuentran el perdón allí.

Hace tiempo trabajé con un hombre que tenía que cuidar de su padre anciano, el cual estaba enfermo y era una persona conflictiva. Sus cuatro hermanos le habían dejado solo con el padre, sin ofrecerle ayuda alguna, a lo sumo algunos consejos, el tipo de consejos que nadie necesita. Ese hombre estaba furioso con sus hermanos, cosa que nadie podía reprocharle. Mientras él y yo enfocáramos su problema de la misma forma, no llegaríamos a ninguna solución. De modo que le pedí que me hablara sobre lo que le gustaba, lo que le producía satisfacción y felicidad en la vida. Le gustaban los perros; cuando hablaba de ellos su rostro se iluminaba de gozo. Le gustaba la música. Y le gustaba correr. Cuando pensaba en esas cosas, se sentía más animado. Cuando corría, jugaba con sus perros o escuchaba ópera, se sentía renacer. Le pedí que recreara esos estados de ánimo. Formaban una parte de él más limpia y serena. Luego le pregunté qué sentía, desde ese punto de vista, hacia sus hermanos. La nueva perspectiva era totalmente diferente. No había rencor, ni amargura. Por el contrario, mi cliente se sentía satisfecho de lo que había hecho por su padre.

Si hallamos en nosotros ese lugar en el que nos sentimos felices e íntegros, nos resulta fácil perdonar. No tenemos que esforzarnos ni realizar acrobacias mentales. El temor, el recelo, el revanchismo desaparecen. Perdonar se convierte en la cosa más fácil del mundo: no es algo que debemos *hacer*, sino algo que *somos*. Lo mismo cabe decir de la bondad. No tenemos que hacer nada para ser bondadosos, porque *ya somos* amables.

Sólo tenemos que darnos permiso para serlo.

¿ y si perdono y el otro no
reconoce que ha hecho algo
que necesita perdonarse?
— no acepta mi perdón
¿ Y si perdono y el otro
sigue haciendo lo mismo?

Contacto

Tocar y que nos toquen

Sospecho que la mejor época de nuestra vida ha desaparecido. Pero no debemos lamentarnos por ello: todos, independientemente de nuestra edad, seguimos teniendo muchas posibilidades de evolucionar, retos que superar, ocasiones para sentirnos dichosos. El futuro puede ser muy prometedor, en especial si lo enfocamos de ese modo. Pero a mi modo de ver nuestra mejor época ha pasado: alcanzamos nuestro punto álgido a los cinco meses.

Es una época muy breve. Porque cuando cumplimos los siete u ocho meses muchas cosas empiezan a cambiar. Pero a los cinco meses es otra historia. Generalmente, un bebé ha dejado atrás las dificultades asociadas al parto, se ha adaptado a su nuevo mundo y la vida todavía no ha comenzado a abrumarle con sus problemas y contradicciones. En ese momento no experimenta temor, codicia ni recelo. El niño todavía no ha desarrollado el sentido del tiempo: la prisa no existe, ni la impaciencia, ni la ansiedad. El bebé es lo suficientemente fuerte y coordinado para mirar a su alrededor y entablar contacto con toda persona que se le acerque. A veces vemos a un bebé de cinco meses en los brazos de su madre, quizás en una oficina de correos, en casa de una amiga, o en el autobús. El bebé nos mira y aunque no nos

conoce, nos regala una sonrisa radiante, un don de felicidad.

Esto es el contacto en su forma más pura. Nadie puede
hacerlo mejor. Cuando el bebé tiene unos siete meses, empieza a experimentar ansiedad ante los extraños, se siente menos
cómodo en presencia de personas que no conoce. Pero a los
cinco meses todo el mundo representa para él una gran familia; cada miembro de la familia es interesante y hermoso, y
merece una sonrisa de felicidad.

El motivo de que el reloj psíquico esté programado de ese
modo es un misterio. ¿Por qué, a los cinco o seis meses, todo
extraño es un amigo, y posteriormente el bebé empieza a recelar, en mayor o menor medida, de los desconocidos? Ambas actitudes son imprescindibles para nuestra supervivencia.
Es importante entablar contacto, y asimismo, en determinados momentos, recelar. A veces el cambio apenas es visible,
otras constituye un drama. El bebé se pone a berrear en presencia de cualquiera que no sea su madre. En ambos casos supone la pérdida de un estado de gracia que, con suerte, logramos vislumbrar en años posteriores. Pero jamás volverá a ser
lo mismo. Nunca será tan espontáneo y completo.

Por fortuna, algunos logran aproximarse a ese estado,
conservar en cierto grado esta extraordinaria capacidad de
entablar contacto con todo el mundo, incluso con extraños.
En un adulto esta facultad asume distintos aspectos, porque
un adulto es independiente, puede hablar y moverse a su an-
tojo. Para algunos, el contacto se produce con sorprendente
facilidad. Recuerdo a Natalie, una joven de veintiún años,
amiga de mi familia. En cierta ocasión la vi entrar en una habitación en la que había varias personas comiendo. Natalie
entabló contacto con todas ellas, como una pelota que bota
alegremente. Otra persona quizá se habría limitado a hacer
un gesto con la mano para saludar a todos los presentes, pero

ella los saludó a todos de una forma especial, con una sonrisa, una broma, una palabra o un recordatorio de una experiencia compartida, un pensamiento especial para la persona. Y todo ocurrió en cuestión de segundos, de modo natural y espontáneo. Cada persona a la que Natalie tocó de ese modo cambió visiblemente: sonrió, se relajó y se sintió de inmediato a gusto.

Otra amiga mía, Judy, es una excéntrica que jamás experimenta la menor ansiedad ante extraños. En cualquier situación —andando por la calle, en un atestado aeropuerto, en un restaurante— entabla a los pocos minutos conversación con cualquiera, incluso con la persona más distante. Un día en que Judy hacía cola frente a la caja en un banco, el hombre que estaba delante de ella empezó a contorsionarse con el fin de rascarse la espalda, pero sin éxito. No alcanzaba el punto donde le picaba. Al percatarse, Judy ofreció ayudarle. «Disculpe, ¿quiere que le rasque la espalda?», le preguntó sin ningún motivo ulterior, sin temer una reacción adversa. Muchas personas no se habrían atrevido a hacer —ni aceptar— ese ofrecimiento. No dejaba de ser una intromisión en la intimidad de un desconocido. Pero para Judy, y otras personas como ella, esas inhibiciones no existen, o son más tenues, o quizás su ámbito de libertad es más amplio.

¿Qué utilidad e importancia tiene esta facultad de entablar contacto con los demás? Es posible que usted no desee rascarle la espalda a un extraño en el banco. Pero en cierta medida, si esta facultad está viva, se activan unas posibilidades insospechadas, la energía circula libremente y se abre ante usted un mundo nuevo. Y la vida adquiere un cariz más divertido.

También podemos hacer lo contrario: erigir muros, aparte de toparnos con los muros erigidos por los demás. Y decidir que esto es más fácil, una forma más práctica de vivir. A fin de cuentas, los otros pueden molestarse. Y representa un esfuerzo. De modo que es más prudente guardar las distancias. Pero nuestras vidas son más pobres sin el alimento que los otros pueden aportarnos, un alimento en forma de estímulos, puntos de vista distintos, nuevas emociones. Y, como veremos más adelante, cuanto menos contacto establecemos con los demás, peor es nuestra salud.

La incapacidad de tomar contacto con los demás puede ser una tragedia, la tragedia de la soledad. Nos convertimos en nuestros propios prisioneros. ¿Por qué no conseguimos abrirnos a los demás? Los motivos son múltiples. Los más frecuentes son: porque nos sentimos inferiores, porque los demás nos parecen superiores y más inteligentes, o nosotros nos sentimos superiores y creemos que no merece la pena entablar contacto con ellos, o tememos que nos invadan y controlen; o quizá tememos sentirnos humillados y heridos.

Según una antigua fábula japonesa, relatada por Yasunari Kawabata, un cortador de bambú ve un día un tallo de bambú que parece estar iluminado por dentro, y al examinarlo ve allí a una niñita. El hombre y su esposa la adoptan. Al poco tiempo la niña se convierte en una hermosa mujer de la que se enamoran todos los hombres. Pero ella no desea casarse. Algunos pretendientes la cortejan con insistencia. Al fin la joven accede a elegir esposo, con la condición de que éste cumpla ciertos requisitos. Pero sus exigencias son imposibles. Por ejemplo, exige que le ofrezcan el cuenco que utilizó Buda hace siglos, o una rama cuajada de gemas de un árbol en el cielo, o un vestido inmune a las llamas. Los pretendientes emplean todo tipo de ardides, que la joven descubre, o mueren en el intento. Ni siquiera el emperador triunfa en la empresa. La joven permanece inaccesible. Por fin averiguan que no es una persona terrenal, sino que proviene del mundo sublime de la Luna. Está exiliada entre nosotros como castigo, en pago por una ofensa cometida en el pasado. Sus padres vienen para llevársela para siempre. La joven se muestra disgustada por tener que abandonar a su familia adoptiva, pero luego, después de vestirse con una traje de plumas, se olvida de todo. La joven deja al emperador —que trata de impedir con sus soldados que los seres lunares se la lleven— un frasco que contiene el elixir de la inmortalidad. Pero ¿de qué sirve la inmortalidad sin amor? El emperador ordena que lleven el frasco del elixir al monte más elevado de Japón, que desde entonces se denomina Fuji: el inmortal.

Es la historia de un fracaso. Es la tragedia de una persona incapaz de abrirse a los demás y que, por tanto, se siente como si proviniera de otro mundo, que pide lo imposible, que se distancia de todos. Y si el contacto no se produce, lo más preciado del mundo, incluso la promesa de la inmortalidad, carece de valor.

Por suerte, no sólo se producen fracasos, sino también muchos triunfos. La facultad de entablar contacto constituye un auténtico don, como el don musical, el talento literario o las condiciones atléticas. Algunos están dotados para ser unos magníficos malabaristas o matemáticos, otros para establecer contacto con los demás. Y como cualquier don, tiene dos aspectos. Uno es negativo: la ausencia de bloqueos e inhibiciones; todo resulta fácil al que lo posee. El aspecto positivo es la presencia de una facultad: conocer la forma idónea de conquistar a la gente, un comentario para romper el hielo, un lenguaje corporal que expresa receptividad y espontaneidad, una sonrisa, una mirada que, sin invadir, nos llega a lo más profundo.

Confieso que, siendo como soy tímido e introvertido, carezco en gran medida de esta facultad, y admiro a quienes la poseen, al igual que admiro a quienes poseen un don musical o literario. Entablar, por ejemplo, una conversación con alguien en un tren hace que me sienta un tanto inseguro y me obliga a hacer acopio de todas mis facultades mentales. ¿Tengo algo interesante que decir? ¿Cómo reaccionará la otra persona? ¿Se sentirá invadida? ¿Cómo debo encauzar la conversación? En ese momento aparece alguien que se pone a charlar como si fuera la cosa más natural del mundo.

Hace poco me encontré con un quiosquero al que hacía dos años que no veía. Solía comprarle el periódico todos los días, pero me marché y estuve dos años sin visitar esa ciudad. Cuando regresé, y le compré de nuevo el periódico, no nos dijimos nada. Al igual que yo, el quiosquero es un hombre reservado. Tan sólo esbozó una leve sonrisa. Bastó una mirada para indicar que sí, que yo había regresado al cabo de dos años y nos habíamos reconocido. No sabíamos qué decirnos, pero eso no tenía importancia.

Otros habrían transformado la situación en una oportunidad para reanudar la relación, para charlar sobre los niños, el tiempo o la política. Nosotros, por el contrario, nos limitamos a la mínima expresión. Pero la introversión no nos impide entablar contacto con los demás. Es posible que a un introvertido le lleve más tiempo mostrarse abierto y comunicativo, pero el contacto quizá sea más profundo y duradero. Con todo, hay que reconocer que los extrovertidos tienen ciertas ventajas a este respecto, porque son capaces de aprovechar cualquier ocasión para entablar contacto en muchas situaciones. No cabe duda: tienen más oportunidades que los introvertidos.

Al margen de que seamos introvertidos o extrovertidos, un contacto abierto es una forma más enriquecedora e interesante de entablar relación con los demás. Es una actitud en la que el otro es considerado como una ventana que se abre a otro mundo, que nos ofrece la posibilidad de crecer. Existen diversas formas en que podemos crecer: a través de la creatividad, la meditación, mostrándonos receptivos a la belleza, a través del ejercicio físico, la oración, etc. Para quienes les resulta fácil entablar contacto con los demás, las relaciones personales constituyen el principal instrumento de crecimiento. El encuentro con otro es el campo en el que se producen la percepción y la transformación, la senda a través de la cual alcanzan la plenitud.

Piense en el efecto que nos causa encontrarnos con otras personas. Algunos encuentros nos abruman y aburren. Más tarde nos sentimos cansados y de mal humor. Otros nos procuran energía, nos animan y generan en nosotros nuevas ideas. Las personas que tienen el don de conectar fácilmente con otros facilitan la química entre ellas y los demás. Son capaces, incluso en los encuentros más banales y aparentemente insignificantes, de evocar el alma.

Cualquiera puede hacer un experimento. Empiece por una situación corriente, como tomar un taxi, comprar papel en una papelería o ir en tren. Luego procure cambiar unas palabras con el taxista, mirar a los ojos al vendedor o la vendedora de la papelería, entablar conversación con otro pasajero en el tren. Para algunos, eso ocurre espontáneamente, y esperan que el otro reaccione del mismo modo. De pronto se produce un cambio: algo se desbloquea, y la energía comienza a circular libremente. Quizá no se trate de un encuentro entre dos almas. Pero sin duda se produce un intercambio de energía vital entre dos personas.

Es posible que en esta sencilla operación nos enfrentemos a nuestros bloqueos internos, a nuestras inhibiciones, que venimos arrastrando desde la infancia. Nos han enseñado que no debemos hablar con desconocidos. Son unas inhibiciones persistentes que a veces tienen unos resultados nefastos. Por ejemplo, un estudio de investigación demostró que si los padres inculcan a sus hijos temor y recelo frente a extraños, de adolescentes esos chicos tienen mayor dificultad para relacionarse con sus compañeros.

En el encuentro con otros solemos utilizar alguna estrategia que nos tranquiliza: ir bien vestidos, desempeñar un papel profesional de responsabilidad, tener relación con personas influyentes o exhibir el último modelo de móvil. Estos aditamentos nos ayudan y aparentemente facilitan el encuentro con la otra persona, pero en realidad reducen su calidad. Nos distraen de lo que realmente cuenta.

¿Entonces por qué los utilizamos? Porque la mayoría de nosotros sentimos miedo. Piense en una ocasión con motivo de una fiesta o una reunión en que tuvo que entrar en una habitación llena de desconocidos y nadie hizo las presentaciones. Al entablar contacto con otros nos sentimos desnudos. Lo que cuenta es quiénes somos, no lo que poseemos. Nos sentimos vulnerables, indefensos. Lo único que tenemos es nuestro ser. Nos mostramos como somos, lo cual, por incómodo que sea, es lo que facilita el contacto. Precisamente porque no sabemos qué ocurrirá, nos sentimos leve o profundamente cohibidos. El contacto con otros puede ser una experiencia terrorífica. Por consiguiente, nos protegemos utilizando diversas funciones, máscaras y otros aditamentos.

Ciertas situaciones, debido a que eliminan todo lo superfluo, propician un contacto más real e intenso. La relación sexual constituye el contacto por excelencia. En el mejor de los casos, dos cuerpos se unen y dos almas se convierten en una. Pero un encuentro sexual puede ejemplificar también la falta de contacto. Dos cuerpos se mueven y se tocan, pero las dos almas permanecen distraídas y distanciadas.

En ocasiones un conflicto crea las condiciones idóneas para que se establezca el contacto. Mi esposa Vivien tiene la rara costumbre de entablar amistad con las personas que la tratan groseramente o con arrogancia. Cuando en una tienda, con una vendedora, o con el padre o la madre de un compañero de clase de nuestros hijos, es víctima de una pequeña ofensa, como por ejemplo que alguien trata de colarse delante de ella, o que le intenten vender algo que no desea, o que una persona se dirija a ella con mala educación, mi esposa, en lugar de ponerse a discutir con esa persona, procura con benevolente persistencia entablar conversación, o establecer contacto con ella sin mencionar la ofensa. Se pone a hablar de los niños, o bromea, o pide una opinión, o hace un comentario sobre el tiempo. Y no ceja hasta que la otra persona muestra algún signo de interés: una palabra, una sonrisa.

La muerte puede ser también un momento para entablar contacto. La muerte es definitiva. Sabemos que a partir de ella todo contacto es imposible. Una persona desaparece para siempre: es el momento de despedirse, la última oportunidad para decirle que la queremos. Sabemos que no volveremos a verla, que no podremos volver a hablar con ella, ni reírnos y bromear juntos. Cuando nada interfiere con la muerte, podemos establecer un contacto lleno de ternura, liberar nuestros sentimientos e intuiciones. El dolor hace que nos abramos. Elimina todo cuanto es superfluo e inútil. El nuevo espacio vacío propicia un contacto auténtico.

Las situaciones extremas, como el hambre, la sed, la pobreza, el encarcelamiento, el peligro y la guerra, pueden unir también inesperadamente a dos personas. Son situaciones en las que las reglas del juego han cambiado. Algunas cosas que antes tenían valor, como el papel social, ya no cuentan. Un famoso ejemplo es el encuentro entre el escritor italiano Primo Levi y otro recluso en el campo de concentración. En aquel terrible y desolado mundo, ambos hombres se pusieron a hablar sobre la *Divina comedia*, y durante unos momentos consiguieron trascender las inhumanas circunstancias en que se hallaban. Levi explicó a su compañero de prisión los versos de Ulises, del Infierno de Dante. Recordó con dificultad los versos, y le costó traducirlos al francés, pero la belleza de la poesía constituyó el nexo de unión entre ambos hombres, y durante unos instantes Levi, según explicó más tarde, se olvidó del tiempo y el lugar del encuentro con el otro.

La música también propicia el contacto. En este caso, las inhibiciones y las reglas sociales también se disipan, o cuando menos se relajan al tiempo que se crea belleza y gozamos de ella. Hace años tuve la suerte de asistir a un concierto ofrecido por Ravi Shankar, el gran músico indio. Se celebró en una casa particular, y le vi poco antes de que comenzara el concierto. Me habían dicho que al músico le dolía la garganta, y tenía mal aspecto. Al cabo de unos minutos comenzó a tocar con sus músicos. Durante el concierto, en las breves pausas entre las frases musicales, los músicos se miraban entre sí. Eran unas miradas intensas, cuyo fin era sincronizar el ritmo, pero también sincronizar sus almas. Era visible y evidente que en esos momentos compartían un ámbito intemporal. Aquel encuentro, real y tangible a los ojos de todos los presentes, rezumaba felicidad. Al término del concierto Ravi Shankar mostraba un aspecto radiante.

Sin duda, la capacidad de entablar contacto ejerce una influencia decisiva sobre la salud. Las personas más dotadas para establecer contacto con otros gozan de un mayor número de amigos que las menos capacitadas para ello. Un estudio evaluó la sociabilidad de los individuos en relación con la eficacia de su sistema inmunitario. Las 334 personas que participaron en el experimento respondieron a unos cuestionarios y se sometieron a unas entrevistas destinadas a evaluar su sociabilidad, esto es, la cantidad y calidad de sus relaciones en la vida cotidiana. Posteriormente los participantes fueron expuestos al virus del resfriado común, y los resultados demostraron que cuanto más sociable era una persona, menos susceptible era al contagio. Estos resultados eran independientes de la edad, el estilo emocional, el estrés y los hábitos relacionados con la salud, como el ejercicio físico y los comprimidos vitamínicos.

Uno comprende la importancia del contacto cuando estudia lo que ocurre cuando éste falta o es insuficiente. En los años setenta se estudió el aislamiento social y sus efectos sobre el organismo. El hallazgo principal de esos estudios fue que la falta de contacto está vinculada a varias enfermedades y a una menor esperanza de vida. Se considera un peligro tan grave para la salud como fumar. El aislamiento social está ligado a una mayor incidencia de enfermedades cardíacas, trastornos del sueño, depresión, dolor de espalda, deterioro de la memoria, especialmente en los ancianos, en quienes la falta de estímulos es extremadamente perjudicial.

La facilidad de contacto es un aspecto básico de la bondad. Cuando logras entablar contacto, encuentras el corazón. Encuentras una actitud que te hace comprender que estabas destinado a encontrarte con esa persona. Que en esos momento tú eres su principal prioridad. Que cuentas.

Sin un contacto entre dos personas, todo deviene gris y automático. Los individuos que interactúan parecen robots más que seres humanos. El trato entre ellos carece de sustancia; y la bondad —si cabe llamarla así— es una cortesía exterior, un ritual frío y vacuo. El contacto es una puerta a través de la cual fluye la bondad.

El entramado de nuestra sociedad se compone de los contactos que cada persona mantiene con los demás. Estos contactos se multiplican y forman una red. Han sido estudiados empleando modelos matemáticos. Existen numerosas analogías: los circuitos eléctricos, las conexiones neuronales del cerebro de los mamíferos, las reacciones químicas en una célula, las ramificaciones de Internet y el ecosistema del planeta. Son unas relaciones complejas en las que cada elemento es importante, pues incide incluso en elementos distantes, y tiene el asombroso poder de causar reacciones en cadena. Por aislados que nos sintamos, seguimos manteniendo relación con millones de personas. El célebre estudio sobre los grados de separación realizado por Stanley Milgram demostró que tener un amigo o un pariente en común con una persona con la que nos encontramos por casualidad, no se trata de una extraña coincidencia, sino que es normal. Vivimos dentro de una red más compacta y una comunicación más estrecha con todo el mundo de lo que imaginamos. E influimos en otros más de lo que sospechamos. Nuestro contacto con los demás —su profundidad, cualidad, capacidad de deprimir o inspirar y enriquecer— transforma a otras personas. Al modificar el estado de ánimo de otros, nos propagamos a nosotros mismos de innumerables formas. En el curso de nuestra vida cotidiana, tenemos la oportunidad de influir en las de los demás y, por consiguiente, de cambiar el mundo.

Sentirse integrado

Pertenezco a un grupo, luego existo

Como vivo en el campo, tengo que circular por unas carreteras secundarias antes de alcanzar la autopista que me conduce a mi lugar de trabajo. Estas carreteras, habituadas a un ritmo tranquilo, suelen ser un tanto lentas. Una soleada mañana estival voy conduciendo detrás de un hombre montado en un tractor. Cada veinte o treinta metros el hombre se detiene para charlar con alguien, sin que yo pueda adelantarle puesto que se trata de una carretera muy estrecha y llena de curvas. Cada parada es de unos pocos segundos —el tiempo suficiente para decir hola y comentar las últimas novedades—, pero basta para ponerme nervioso. Ignoro de qué habla ese hombre con las personas con las que se encuentra en el camino, pero está claro que no es nada urgente. Y yo detrás de él, con prisa por llegar al trabajo, echando humo mientras espero a que el hombre termine su conversación. No puedo darle un bocinazo porque lo consideraría una grosería, o creería que estoy loco. No puedo hacer más que esperar nervioso e impaciente mientras mi enojo va en aumento.

De pronto me doy cuenta de una cosa. Lo que siento no es ira, sino envidia. La persona que circula frente a mí, con la calma de un campesino, tiene algo que yo, que cada día hago el viaje de ida y vuelta a mi trabajo, no poseo: aparte de una tranquilidad que contrasta vivamente con mis prisas, ese hombre tiene el privilegio, propio de las gentes nacidas en el campo, de formar parte de una amplia red de relaciones entre padres, tíos, hijos, primos y amigos, todos ellos ligados entre sí por las mismas costumbres, no sólo durante la vida de una persona sino a lo largo de generaciones. Todos forman parte de un organismo. Todos se conocen y conocen sus alegrías y desgracias, sus esperanzas y amarguras. Yo, que llegué hace unos años de la ciudad, no poseo esto, y aunque siempre me saludan con cortesía, no siento que pertenezco a este lugar. Es la diferencia, por un lado, entre un roble centenario cuyas raíces son tan profundas y extensas que se entrelazan con otras raíces y conocen la tierra que las alimenta, y, por otro, un joven y exótico árbol recientemente trasplantado a este lugar. El hombre que se detenía cada pocos metros no lo hacía para molestarme, sino simplemente para reafirmar el vigor de sus relaciones. Para reafirmar su sentido de pertenecer a una comunidad.

El sentirse integrado es una necesidad elemental y a la vez la respuesta a una pregunta que nos hacemos: ¿de qué formo parte? Y esta pregunta se asemeja y quizá coincide con otra no menos fundamental: ¿quién soy? Pertenecemos a una familia, un grupo, una sociedad, una categoría profesional, y esa afiliación nos define y nos procura una razón de existir. Sin este sentido de pertenecer a un grupo tenemos la sensación de no ser nada. Es difícil, quizás imposible, saber quiénes somos sin una referencia con respecto a otros. Por este motivo el sentido de pertenecer a un grupo constituye una necesidad elemental, como la necesidad de comida, agua o un techo bajo el que cobijarnos.

Quizás objetemos en nuestro fuero interno: «Debemos aprender a valernos por nosotros mismos, ser independientes». Pero el anhelo de pertenecer a una comunidad es primordial. La extraordinaria intensidad de esta necesidad probablemente depende de nuestro pasado ancestral, cuando la única forma de sobrevivir era formar parte de un grupo. Nadie podía valerse por sí solo. E incluso hoy en día, en nuestro mundo precario y en ocasiones amenazante, expuestos a innumerables peligros, con la enfermedad y la vejez que nos acechan, necesitamos la protección y seguridad que sólo pueden ofrecernos otros seres humanos. Para muchos el sentido de pertenecer a un grupo se mantiene y refuerza a través de pequeños ritos cotidianos. Me detengo en la gasolinera para repostar. En ese momento pasa un hombre y pregunta al encargado:

—¿Qué te parece, Giovanni, va a llover o no?

—Nooo.

Eso es todo. ¿De qué sirve esta breve conversación? Ciertamente no para cambiar información meteorológica. Parece absurda, incluso estúpida. Pero es vital, porque sirve para hacer que la energía circule y para reafirmar la sensación de esos dos hombres de que forman parte de una comunidad. Una breve charla en el bar o junto al quiosco de prensa, un encuentro fortuito en la calle, unos comentarios en el banco, un saludo con la mano desde el coche, tomarse juntos un café durante una pausa en el trabajo, esperar juntos a que los niños salgan de la escuela... Estos pequeños ritos revitalizan el sentido de pertenecer a una comunidad, nos reconfortan y tranquilizan aunque no seamos conscientes de ello. En los pueblos y las poblaciones pequeñas, donde todo el mundo se conoce, es más fácil; en las grandes ciudades es más complicado. El fin de semana pone de relieve el sentido de estar integrado o de soledad: los que gozan de un nutrido grupo de amigos y parientes no tienen problemas, los otros quizás experimenten el típico abatimiento de fin de semana.

En mi labor como psicoterapeuta observo a menudo que el sentido de pertenecer a un grupo ha sido lesionado, o no tiene la oportunidad de desarrollarse, en primer lugar en la familia, donde aprendemos a formar parte de una entidad que, idealmente, debería protegernos y apoyarnos; y posteriormente en la escuela, entre amigos, en el trabajo. Cuando no logramos satisfacer el anhelo de formar parte de una comunidad, aparecen múltiples trastornos: depresión, desorientación, hostilidad.

Hoy en día, más que en ninguna otra época en la historia de la humanidad, el sentido de pertenecer a un grupo se ve malogrado por unos hábitos recientemente adquiridos, y por la renovación social y tecnológica, que sin duda hace que el día a día sea más sencillo y práctico, pero a la vez más frío. Los beneficios y la eficiencia se anteponen al calor y a las relaciones humanas. Un pequeño ejemplo: hasta hace poco yo solía ir a una frutería de una pequeña población cercana a mi casa, para comprar alcachofas en conserva. Eran deliciosas. Por otra parte, sabía que el mismo frutero las seleccionaba, porque hablaba de ellas con el orgullo del tendero que selecciona los mejores productos. De vez en cuando cambiábamos unas frases. Un día me acerqué a la tienda y comprobé que estaba cerrada. Al mirar a través del cristal veo que estaba desierta, y unas cajas de cartón diseminadas por el suelo. La típica y triste escena de un local cerrado, de un negocio que ha dejado de existir. Entonces comprendí lo ocurrido: el frutero había tenido que cerrar su tienda porque había abierto sus puertas un supermercado, un gigantesco complejo que había devastado la estructura original de la pequeña población y había obligado al tráfico a desviarse por unos caminos delirantes. Así pues, entré en el supermercado, donde encontré veinte marcas distintas de alcachofas en conserva. Puede que la que yo utilizo estuviera entre ellas, pero ya no me apetecía comprar las alcachofas. Empujé mi carrito tras una larga hilera de carritos, amenizado por el *bip bip* de las cajas registradoras, en un lugar en el que sabía que formaba parte de una masa predecible y calculada de clientes. Mi mundo se había vuelto más frío.

La situación se complica debido a otro importante factor: vivimos en la era del individualismo. El individuo es ensalzado de múltiples formas. Ser especial y creativo, ofrecer una aportación original, competir con los demás y ser el mejor son el objetivo de muchas personas. Asimismo, es el criterio utilizado para juzgar y admirar a los demás, y un valor en el que basamos nuestras vidas. Pero no siempre fue así. En otras épocas y civilizaciones el individualismo era menos importante; quizá ni siquiera fuera posible concebirlo como lo hacemos actualmente. La historia del arte muestra con toda claridad esta evolución. En la Europa medieval, los temas de las obras artísticas son sagrados, y sirven principalmente como medio para educar a los analfabetos: las pinturas y los bajorrelieves suelen mostrar episodios de la Biblia. De pronto se produce una revolución. Prácticamente de la noche a la mañana, al inicio del Renacimiento, aparecen en las telas y los frescos unos personajes humanos contemporáneos, en los cuales se celebra la belleza del ser humano, la dignidad del hombre y la mujer y su potencial creativo. Ahora lo que cuenta es el esplendor del individuo.

Es un nuevo paradigma, que multiplica las posibilidades humanas. ¿Qué puedes hacer tú, un individuo rebosante de dotes y cualidades? Nadie había pensado específicamente en eso. Es una idea extraordinaria que da paso a numerosos hallazgos y victorias. Todas esas revoluciones tardaron siglos en ser asimiladas y pasar a formar parte de nuestra cultura. Ahora constituyen nuestro patrimonio común, y aparecen incluso de formas baratas y comercializadas. Este enaltecimiento de la individualidad es sin duda la base de un extraordinario período de progreso de la humanidad. Pero hemos pagado un elevado precio: estamos endiosados, hemos renunciado a nuestra comunidad, a nuestro sentido de formar parte de un entorno humano en armonía con nosotros. En nuestra época contemporánea fluctuamos indecisos entre dos extremos opuestos: la uniformidad y el anonimato de la masa, y la fascinación de la originalidad del individuo. Con frecuencia olvidamos que pertenecemos a una comunidad.

Con todo, el hecho de saber que formamos parte de un grupo nos da fuerza. Una fábula judía nos habla de un bondadoso rey que está agonizando. El rey, rodeado de sus desconsolados súbditos, ordena que le traigan una flecha y pide al individuo más débil que la rompa. Éste obedece y parte la flecha sin mayores dificultades. Entonces el monarca pide que le traigan un manojo de flechas sujetas con una cuerda, y pide al más fuerte que las rompa. Pese a sus esfuerzos, el hombre no lo consigue. El rey dice entonces a sus súbditos:

—Os dejo, como legado, la unión entre todos vosotros. Uníos unos con otros. Esa unión os dará fuerza, una fuerza que solos jamás alcanzaréis.

El sentido de pertenecer a un grupo, esto es, la sensación de que formamos parte de un todo más importante que nosotros, con el que estamos física, mental y espiritualmente ligados, es un factor necesario para nuestro bienestar. Varios estudios, en particular sobre estudiantes y ancianos, han demostrado que cuando no logramos satisfacer esa necesidad somos más vulnerables a la depresión. Por lo demás, cuando nos sentimos aislados, buscamos una afiliación a toda costa, incluso en grupos violentos, peligrosos, extremistas o al margen de la sociedad. Ésta es una de las razones por las que muchos adolescentes se sienten atraídos por determinados cultos o sectas. El perfil típico de un joven que corre ese riesgo es: confusión respecto a su identidad, alienación de su familia, vínculos débiles con la comunidad, sensación de impotencia y un intenso anhelo de pertenecer a un grupo. Si uno crece sin sentirse integrado en la familia, la escuela o la sociedad en la que vive, siente la necesidad de ser importante para otros seres humanos a los que considera semejantes a él, que a su vez le consideran semejante a ellos. Así es como uno entra a formar parte de una secta. Más tarde es difícil salir de ella.

A menos que hayamos sido siempre tremendamente populares, todos tenemos en nuestra historia personal un episodio en el que nos hemos sentido excluidos: nadie quería jugar con nosotros cuando éramos niños, o no nos invitaron a una fiesta, o nos excluyeron del equipo de fútbol. El recuerdo más vivo que tengo es del instituto. Mi maestro asigna unos temas de investigación que debemos realizar en parejas o grupos. Los otros alumnos eligen los temas y a sus compañeros para esa tarea. Al poco rato queda claro que nadie quiere trabajar conmigo. Se produce un momento de gélido silencio en el que me siento como un fragmento perdido en el espacio, sin contactos. Entonces uno de mis compañeros de clase, Guido, me propone trabajar con él, y salva la situación. ¡Qué alivio tan enorme! ¿Me lo ha propuesto Guido por lástima o porque desea ser mi compañero? No tiene importancia. Me siento a salvo porque, aunque de forma imperfecta, sé que pertenezco a ese grupo.

Así pues, formar parte de un grupo o una comunidad nos reporta numerosos beneficios. Hace que nos sintamos reconocidos, nos permite interactuar con los demás, elimina el terrible espectro de la soledad. Pero a menudo debemos pagar un precio: tenemos que adaptarnos a la cultura del grupo, a sus ideas predominantes, su estilo de vida, su forma de vestir, de hablar, de comer, sus preferencias en materia de música, deportes, etcétera. En algunos casos el precio es excesivamente gravoso: pertenecer a un grupo puede sofocar la espontaneidad y libertad de expresión. Los peligros son muchos: conformidad, discriminación contra las personas ajenas al grupo y una falsa euforia, no basada en la auténtica fuerza, sino tan sólo en la seguridad de pertenecer a un grupo.

Análoga al sentido de pertenecer a un grupo es la sensación de apoyo, la seguridad de recibir ayuda por parte de la comunidad cuando la necesitamos. Ambas son similares, pero el énfasis recae en la posibilidad práctica de recibir ayuda de otros, en lugar de sentirnos integrados. En ocasiones ambos términos son considerados sinónimos. Los trabajos de investigación han demostrado que el apoyo es extraordinariamente importante para la salud física y mental. Cuanto mayor es el número de amigos con los que podemos contar, y mejor la cualidad de estas amistades, mayor es nuestra longevidad y nuestra salud. Muchos estudios han demostrado este hecho, y el libro *Love and Survival*, del cardiólogo Dean Ornish, aborda el tema en profundidad. Citaré sólo algunos ejemplos. En Suecia se llevó a cabo un estudio consistente en observar a 18.000 hombres y mujeres durante seis años. Los que se sentían más aislados corrían cuatro veces más peligro de morir prematuramente que los otros. En Finlandia realizaron un estudio en el que observaron a más de 13.000 personas. Las que se sentían más conectadas con la comunidad corrían entre dos y tres veces menos riesgo de morir prematuramente que las que se sentían aisladas. En el estudio de Tecumseh, en el que participaron casi 3.000 personas, se comprobó que cuando la sensación de apoyo es menor, la frecuencia de enfermedades (ataques cardíacos, accidentes vasculares, cerebrales, cáncer, artritis y enfermedades pulmonares) aumenta entre dos y tres veces. Según el estudio del doctor Redford Williams, en el que participaron 1.400 personas aquejadas de enfermedades cardíacas, las que estaban casadas o tenían a alguien en quien confiar tenían entre dos y tres veces más posibilidades de sobrevivir.

Sentirnos apoyados y que pertenecemos a un grupo es esencialmente lo mismo. En última instancia, la soledad es el extremo opuesto de ambas cosas. La soledad no es lo mismo que vivir solo o pasar mucho tiempo solo. En ocasiones estar solo es un alivio y nos da la sensación de libertad y de espacio. La soledad verdadera, cósmica, es distinta. Es la sensación de que a nadie le importa lo que pueda ocurrirnos; que nadie presta atención a lo que pensamos o decimos, y que no significamos nada para nadie. Es la sensación de que si dejamos de existir todo seguirá como antes y nadie se percatará.

¿Depende el sentido de pertenecer a un grupo sólo de la situación objetiva, o puede cambiar y desarrollarse también en situaciones difíciles, de soledad, anonimato, diversidad y otras similares? Yo me inclino por la segunda hipótesis. Todos experimentamos el sentido de pertenecer a ciertos grupos, pero ¿hasta qué punto somos flexibles y cuánta variación somos capaces de asimilar? ¿Sólo tendré la sensación de pertenecer cuando me encuentre en el club de bridge, o cuando me relacione con personas de raza blanca, o con adeptos de mi religión, o con seguidores de mi equipo, y en ninguna otra situación? ¿O tendré la sensación de tener algo en común con otras personas en cualquier lugar? ¿Mi sentido de pertenecer a algún grupo se extenderá incluso a los animales, lugares y poblaciones enteras?

Aunque generalmente se considera que el sentido de pertenecer a un grupo depende de los vínculos locales de un individuo, es posible cultivar la facultad de sentir que uno forma parte de una comunidad más extensa. Recuerdo que, al comienzo de mi carrera, a menudo viajaba al extranjero para dar clases en diversas ciudades europeas. En muchos casos era una experiencia traumática para mí, pues acusaba la diversidad cultural. Era consciente de la diferencia en el ritmo, el estilo, la lengua y la mentalidad, aunque iba a países que se hallan dentro de la tradición europea. Siempre tenía que adaptarme a alguna costumbre, lo cual representaba para mí una empresa gigantesca. Después de cada cursillo que impartía me sentía agotado.

Recuerdo el asombro que me causaba una de mis colegas, más experimentada y conocida que yo, la cual llevaba varios años viajando por todo el mundo sin mayores problemas, trabajando un fin de semana en Japón, el siguiente en Australia, una semana después en Finlandia, y más tarde en Israel. Todo ese trajín, en lugar de agotamiento, a mi colega le producía una renovada energía y vitalidad. ¿Cómo se las apañaba? Le expliqué que la diversidad cultural de los participantes en mis talleres representaba para mí una dura prueba. Aún recuerdo su breve e interesante respuesta: «Son personas como nosotros».

Ése es un sentido de pertenecer a una comunidad refinado y, ante todo, libre y activo en cualquier situación. Algunas tradiciones espirituales reconocen la importancia de mostrarnos receptivos a los demás. El cristianismo, por ejemplo, dice que debemos ver en cada individuo a nuestro hermano o nuestra hermana. El budismo tibetano nos invita a llevar a cabo un curioso ejercicio mental: considerar a la persona con la que nos topamos como alguien que, en una vida anterior, de la infinita serie de encarnaciones que hemos experimentado, fue nuestra madre. Si creemos que esa persona que consideramos un extraño, ese agresivo automovilista, ese *hooligan* fanfarrón, esa antipática vendedora o ese camarero incompetente, si pensamos que esa persona fue nuestra madre en una vida anterior, que cuidó de nosotros y nos educó, que curó nuestras heridas, soportó nuestro malhumor, nos lavó la ropa y nos acarició la cabeza, en una de las innumerables vidas en quién sabe qué remota situación, esa persona deja de parecernos una extraña y se convierte en un miembro más de una inmensa familia a la que tenemos el privilegio de pertenecer.

Por consiguiente, nuestro sentido de pertenecer a una comunidad puede ser rígido y distante, limitarse a un estrecho círculo, o libre, flexible y activo incluso en las situaciones más adversas, lo cual hace que la vida sea más agradable. Me parece evidente que estas actitudes están relacionadas con la bondad. Si yo le considero a usted diferente y me inspira recelo, o en todo caso una fría neutralidad, es difícil que me muestre receptivo y bondadoso con usted. Pero si le contemplo sabiendo que ambos pertenecemos a la raza humana, que los dos poseemos una naturaleza similar, distintas experiencias pero idénticas raíces y un destino común, es probable que sienta una afinidad, solidaridad y empatía hacia usted. Dicho de otro modo, bondad.

Y al igual que podemos modular nuestro sentido de pertenecer a un grupo, podemos incidir también en el de los demás. Podemos hacer que los otros se sientan incluidos o excluidos, de diversas formas, a través de nuestras palabras, nuestras miradas y nuestro lenguaje corporal. Recuerdo que un día, hace muchos años, participé en una conferencia y tenía que hablar en una mesa que compartía con varios expertos ilustres. Ocurrió al principio de mi carrera y me sentía cohibido sentado junto a aquellos personajes importantes, frente al público. Todos teníamos que pronunciar una breve alocución, tras lo cual se abriría un debate. La persona que estaba a mi lado, un renombrado profesor universitario, permaneció todo el rato sentado prácticamente de espaldas a mí, ignorándome olímpicamente. Su actitud no me molestó, era demasiado cómica para ofenderme. Pero comprendí lo fácil que es incluir o excluir físicamente a una persona mediante una postura corporal.

Por fortuna, también podemos comportarnos de forma radicalmente opuesta a ese arrogante catedrático. Las oportunidades para contribuir a que los demás se sientan incluidos se nos presentan continuamente. Todos desempeñamos el papel de árbitros y jugadores en este juego. Podemos cultivar nuestra sensación de pertenecer a un grupo y decidir si deseamos incluir a los demás o no.

Todo depende de lo bondadosos que queramos ser.

Interesante ver como el tema de "sentirse integrado" se expresa en vivir la vida religiosa

Confianza

¿Está dispuesto a arriesgarse?

Un día viajé a la mágica ciudad de Estambul (aunque esta anécdota pudo haber ocurrido en cualquier lugar). En esa época yo era un joven e inexperto estudiante de filosofía y desconocía los sucios trapicheos del mundo. De pronto se me acercó un hombre afable y cordial, que se ofreció a cambiar mis divisas a un tipo de cambio muy ventajoso y yo accedí. El hombre tomó mi dinero y me pidió que le esperara en la esquina. Después de esperar durante largo rato, comprendí que ese tipo no tenía la menor intención de regresar con la suma acordada. Se había largado apresuradamente, desapareciendo en las laberínticas callejuelas de la ciudad vieja.

Sí, fui increíblemente ingenuo. Pero ¿debemos llegar a la conclusión de que vivimos en un mundo de embusteros y ladrones, que no podemos fiarnos de nadie? Confiar es apostar. Cada vez que confiamos en alguien, nos la jugamos. Si confiamos en un amigo, nos exponemos a que nos traicione. Si confiamos en nuestra pareja, ésta puede abandonarnos. Si confiamos en el mundo, podemos ser aplastados. En muchas ocasiones el asunto termina así. Pero la alternativa es peor, porque si no nos arriesgamos, no conseguimos nada.

Así, tanto si somos conscientes de ello como si no, cada acto de confianza lleva implícito un escalofrío de temor. Una situación favorable puede convertirse en peligrosa. En nuestro fuero interno sabemos que la vida es insegura y precaria, que cada elección es una apuesta. No obstante, si confiamos, el escalofrío conlleva un optimismo filosófico: la vida, pese a sus trampas y sus horrores, es maravillosa. La apuesta está implícita en la confianza. Si pudiéramos estar seguros de todo y de todos, la confianza no tendría ningún valor, al igual que el dinero si éste fuera ilimitado, o el sol, si siempre hiciera buen tiempo, o la vida, si viviéramos eternamente. Pero sabemos que al depositar nuestra confianza pueden estafarnos, incluso destruirnos. La confianza tiene un precio. ¿Estamos dispuestos a pagarlo?

Emilio, mi hijo de 11 años, me pide permiso para hacer unas creps. De inmediato imagino que se quemará y veo el suelo cubierto de harina, y lágrimas, y también unas creps incomibles. Pero al ver la esperanza y el entusiasmo en sus ojos accedo. Al cabo de un rato entro en la cocina y no veo ningún desastre, sino una ordenada pila de creps. Emilio se siente orgulloso de su labor, y las creps están muy buenas. Así es como funciona la confianza, no sólo produce crepes, sino satisfacción e independencias, mientras que un voto de desconfianza («sólo las personas adultas pueden preparar creps») produce frustración y parálisis.

Otro ejemplo, esta vez a la inversa. En cierta ocasión acudió a mi consulta una paciente que era cleptómana. Gozaba de una prestigiosa posición, pero estaba dominada por el deseo irresistible de robar en las tiendas. Cuando creía que nadie la observaba, sustraía algún objeto —una pluma, un libro, unas tijeras— y lo ocultaba en su bolso. La operación siempre iba acompañada por la ansiedad. ¿Qué ocurriría si la descubrían, siendo como era una persona conocida e importante? Una catástrofe. Pero tan pronto como salía de la tienda se sentía eufórica y triunfante. Al trabajar conmigo, comprendió que su deseo compulsivo de robar era una forma de rebelarse contra la desconfianza. Se había criado en una casa donde todo estaba guardado bajo llave y todos los miembros de la familia desconfiaban unos de otros. Nadie dejaba nada al alcance de los demás, la casa estaba siempre pulcra y ordenada pero deprimentemente vacía. Los armarios cerrados con llave indicaban persistentemente «No nos fiamos de ti. Tememos que robes algo. No eres de fiar». Eso fue lo que llevó a mi clienta a robar en las tiendas.

No hay duda: la desconfianza puede tener unos efectos profundos y duraderos sobre nuestra personalidad, unos efectos degradantes y destructivos. La confianza produce el efecto contrario: nos ayuda y enriquece, y multiplica nuestras posibilidades. La confianza, junto con el calor, es la única cualidad cuyos orígenes se remontan a los albores de nuestra historia evolutiva. Es una característica propia de los mamíferos, en especial de los humanos. Nuestra supervivencia va unida a la confianza. Piense en un bebé, que duerme plácidamente en brazos de su madre. El bebé parece creado para ser sostenido en brazos, los cuales parecen hechos a medida para él. Durante nuestro primer año de vida, o aprendemos a confiar, un sentimiento que acompañará cada paso que demos, o a desconfiar, lo cual hará que andemos dando bandazos, con rabia y temor, durante toda la vida. Puesto que somos la especie más dependiente de todas y durante mucho tiempo, confiamos en los cuidados prolongados y la protección de nuestros padres. Y gracias a esta prolongada dependencia, durante muchos años no tenemos que preocuparnos de sobrevivir, sino que podemos dedicarnos a jugar y a aprender más que otras especies. La confianza es inherente a nuestra biología.

Quizá sea este componente biológico lo que hace que la confianza vaya ligada a la salud, pues varios estudios han demostrado que las personas más confiadas suelen gozar de mejor salud. Si usted se despierta por la mañana pensando que tiene que defenderse, temiendo que pueda ocurrirle algo malo a usted o a su familia, se sentirá peor que si considera el mundo un lugar agradable. En una muestra en la que participaron 100 hombrse y mujeres de edades comprendidas entre los 55 y los 80 años, quedó demostrado que los más confiados gozaban de mejor salud y se sentían más satisfechos de la vida. En otro estudio realizado 14 años más tarde, se comprobó que los más confiados eran más longevos. Los expertos llegaron a la conclusión de que la confianza tiene un efecto protector sobre nuestra salud. Otro estudio, en el que participaron unos estudiantes universitarios, reveló que los más confiados tenían un mayor sentido del humor.

¿Y el mundo empresarial? Cabe pensar que en este ámbito conviene más ser cauteloso que confiado. Sin embargo, en numerosos estudios se ha formulado esta pregunta: ¿las empresas en las que predomina la confianza prosperan más que otras? La conclusión siempre es la misma: las empresas en las que la confianza es la norma funcionan mejor. No podría ser de otro modo. ¿En qué situación es más probable que triunfemos?, ¿en una en la que todos sospechan unos de otros e interpretan con recelo cada acto, palabra y expresión, o en un grupo de personas dispuestas a mostrarse amables y unidas?

La confianza en los clientes hace que las empresas prosperen. Muhammad Yunus, el fundador del Grameen Bank en Bangladesh, concede préstamos a los muy pobres para ayudarles a montar pequeños negocios, por ejemplo de paraguas, embarcaciones, mosquiteras, especias o productos cosméticos. Estos préstamos no se rigen por ninguna ley, no se necesitan garantías (que en cualquier caso los clientes no podrían ofrecer), y no hay ningún contrato escrito de por medio, tan sólo la palabra. Yunus confía profundamente en los recursos latentes de todos los seres humanos. Los resultados le dan la razón, porque con su fe ha ayudado a miles de personas a salir de la pobreza y alcanzar la dignidad que ofrece el disponer de unos medios independientes. El suyo es un negocio, no caridad: el reembolso de los préstamos concedidos es de un 99 por ciento superior al de los clientes ricos de los bancos tradicionales.

La confianza tiene la propiedad de relajar las inhibiciones y resolver viejos traumas, otra posible explicación de su efecto benéfico. Las dudas, los temores y los recelos que arrastramos no sólo nos impiden progresar, sino que erosionan nuestra energía. Si una parte sustancial de nuestro esfuerzo mental la invertimos en fomentar el temor y defendernos, ¿qué será de nuestro potencial para emprender nuevas iniciativas, crear algo original o gozar de la vida? Incluso la cautela, una actitud necesaria para nuestra supervivencia, puede detener o ralentizar nuestro progreso, hasta el extremo de que cesamos de funcionar debidamente y nos quedamos bloqueados.

Depositar nuestra confianza en alguien es como hacer un regalo. Cuando yo confío en que mi hijo Jonathan de seis años me traiga una taza de café sin derramarlo, cuando presto uno de mis libros favoritos a un colega contando con que me lo devolverá, cuando confío un secreto a un amigo sabiendo que puede revelárselo a otros, les regalo confianza, les digo: «Sé que puedo contar contigo, que eres de fiar». El regalo de la confianza demuestra nuestra relación. Otorga poder a la otra persona y amplía sus posibilidades.

Hemos visto que la confianza lleva implícito el riesgo. Al depositar mi confianza, me sitúo en una posición vulnerable. Esta confianza puede ser traicionada, mi hijo puede derramar el café sobre la alfombra, mi colega quizá no me devuelva nunca el libro. Pero esta vulnerabilidad es la que da valor a la confianza. Porque si la confianza no comportara ningún riesgo, sería pura burocracia. Es justamente porque nos arriesgamos que la confianza es una cualidad entrañable y valiosa.

¿Y si no permito que Jonathan traiga el café? ¿Y si no presto el libro? ¿Y si no revelo mi secreto? Quizá sea una decisión prudente, pero habré escatimado una posibilidad a las vidas de esas personas, y quizá habré menoscabado su seguridad en sí mismos. Por otra parte, me habré distanciado de ellos, porque si confío en mi hijo, o en un amigo, me sentiré mucho más unido a éste, participaré en su vida, me identificaré con él. Observo a Jonathan atravesar la habitación, sosteniendo la taza de café, dispuesto a ofrecérsela a un amigo mío. Durante unos instantes se distrae, vacila y casi tropieza con la alfombra. El líquido que contiene la taza se agita peligrosamente. Podría derramarlo y quemarse, o verterlo sobre nuestro invitado. Pero no, la taza llega sana y salva a su destino. He tenido fe en Jonathan y me he arriesgado. Así me siento unido a él, me convierto en parte de él mientras lleva a cabo su tarea. La desconfianza establece una distancia, erige una barrera. La confianza genera intimidad.

Por consiguiente, tenemos dos cosmovisiones opuestas. En una, nos gustaría que todo fuera seguro y previsible. En la otra, aceptamos la inseguridad como parte de la vida, y sabemos que es absurdo buscar una seguridad absoluta. Muchas fábulas tradicionales se refieren a reyes poderosos que se sienten en peligro, que saben que alguien se ha propuesto derrocarlos. Tratan de defenderse, pero pese a sus esfuerzos acaban cayendo, porque nadie es invulnerable. Todo Aquiles tiene su talón.

En una cosmovisión, nos distanciamos de los demás debido a nuestros recelos, en la otra nos aproximamos a ellos. Entendemos que nuestro destino está ligado al suyo. En una, somos pesimistas, nos protegemos contra posibles ataques, engaños, robos y otras desgracias. Tenemos el sistema de alarma permanentemente conectado. En la otra, somos más optimistas sobre nuestras relaciones con los demás y consideramos la inseguridad como una fuente de novedad e interés.

Podemos interpretar el mundo de ambas formas. Un extraño se le acerca en la calle. ¿Cómo lo ve usted? ¿Cómo una pérdida de tiempo, un pelmazo que intenta venderle una baratija o quizás como un delincuente? La alarma se dispara. Piensa en lo que le dirá, en cómo zafarse de él o defenderse. Se siente tenso, quizá temeroso. El extraño se dirige hacia usted con paso decidido. Tiene aspecto amenazador. Pero no, sólo quiere darle las llaves que se le han caído a usted al apearse del coche. La alarma se desconecta.

¿Durante cuánto tiempo mantenemos la alarma conectada? Los sistemas de alarma y de seguridad que vemos a nuestro alrededor son unas metáforas de nuestros procesos mentales. Las cámaras de vídeo que captan todos nuestros movimientos en público, las puertas que funcionan con control remoto y parecen decir «Detente, ¿quién eres?», los funcionarios de aduanas que abren nuestras maletas y los perros policías que las olfatean, las puertas con refuerzos de hierro y cerraduras especiales, las máquinas que comprueban los billetes de banco, las alarmas que suenan aunque no haya entrado ningún ladrón, los detectores de objetos metálicos en los aeropuertos, los helicópteros que sobrevuelan la ciudad, las alambradas, los perros guardianes que ladran agresivamente cuando pasamos... Esas defensas, por más que sean necesarias, nos intimidan y hacen que nos sintamos angustiados e incómodos.

Esos aparatos, humanos, animales o mecánicos, no son otra cosa que nuestros temores materializados. Esos artilugios para espiarnos, estas barreras y cerraduras, antes de crearlas se formaron dentro de nosotros. Las utilizamos y mantenemos un día tras otro, dedicamos nuestras energías a hacer que funcionen. Y seguimos haciéndolas funcionar aunque ya no las necesitamos.

Asimismo convendría que bajáramos la guardia. Un día entré en un restaurante en el que no había nadie en la caja. Cuando terminabas de comer, abrías la caja registradora, depositabas el importe de lo que habías consumido y, en caso necesario, tomabas el cambio. ¡Qué maravilla que a uno le traten así! La comida sabía mejor. Al cabo de unos años regresé y no pude hallar ese restaurante; en su lugar habían instalado una compañía de seguros. Quizá los dueños del restaurante habían sido demasiado confiados. ¿Cómo saber si podemos fiarnos o no?

Un estudio reciente demostró que las personas muy confiadas no son ingenuas, sino que poseen una inteligencia que les permite distinguir entre la gente de fiar y la que no lo es. Las personas desconfiadas no se fían de otros porque no poseen esa facultad, de modo que van a lo seguro desconfiando de todos. Su vida social es más pobre. Está claro que un cierto grado de recelo es saludable y prudente. Pero cuando pasa a formar parte de nuestro carácter, cuando constituye nuestra cosmovisión y nos produce una tensión muscular, nos perjudica.

La confianza y la bondad van unidas. La bondad consiste en confiar y estar dispuesto a arriesgarse; nos aproxima a los demás. Confiar significa ser bondadosos con los otros. ¿Qué opinamos de alguien que al principio nos parece bondadoso pero que en el momento de la verdad demuestra no confiar en nosotros? Su bondad no tiene ninguna sustancia, es una cortesía superficial. ¿Y qué sentimos, en cambio, cuando alguien demuestra tener más fe en nosotros que nosotros mismos? Nos sentimos satisfechos, porque la fe nos ayuda a descubrir en nosotros mismos un rasgo o una facultad que quizás ignorábamos que poseíamos. No sólo eso, la confianza es el alma de una buena relación. Mi amigo John Whitmore, un consultor empresarial que organiza un impresionante cúmulo de cursillos y conferencias, ha planteado a muchas personas la misma pregunta: «¿Qué relación le ha enriquecido y satisfecho más en su vida y por qué motivo?» En prácticamente todos los casos, la respuesta era idéntica: una relación en la que sentían que la otra persona confiaba en ellos.

Preste atención: un estudio demostró los efectos de la confianza en un grupo de 32 adultos que habían sobrevivido al terrible huracán Iniki, que arrasó la isla hawaiana de Kauai el 11 de septiembre de 1992. Se pidió a los participantes que respondieran a esta pregunta: «¿Hasta qué punto influyó en su vida, antes y después del huracán, su confianza en sí mismo, en otros o en Dios?» Los participantes, pertenecientes a ocho grupos étnicos, respondieron que la confianza había tenido una influencia positiva en diversos ámbitos, como la gratitud, la responsabilidad y el apoyo mutuo. Según los investigadores, la confianza había potenciado la autoestima de los supervivientes y mejorado sus relaciones con su familia y amigos. El mayor beneficio había sido la disminución del temor y el aumento de la sensación de seguridad, lo cual había ayudado a los supervivientes a ponerse a salvo.

Otro estudio evaluó el cambio operado en varias personas que habían sufrido un accidente que les había causado graves daños. ¿En qué sentido los había transformado el trauma? El estudio reveló que había aumentado su confianza en otros seres humanos, precisamente porque se habían quedado inválidos e impotentes, porque dependían de que otros los atendieran, porque tenían menos control sobre sus movimientos y sus vidas. Es difícil saber qué pasa por la mente de una persona que ha sufrido un accidente grave. Pero una cosa está clara: su situación cambia, ya no puede controlar todos los aspectos de su vida. Tiene que abandonarse en manos de otras personas.

En la base de la confianza se halla el saber abandonarse. La capacidad de abandonarnos tiene un efecto profundo y revolucionario sobre nosotros. Comprendemos que no podemos controlarlo todo y que es necesario que abandonemos la certeza —o el espejismo de la certeza— y renunciemos, que aceptemos lo que la vida nos ofrece. El cambio consiste en la relajación de la tensión. Al abandonarnos obtenemos un importante beneficio espiritual. También lo conseguimos a través de la confianza y otras actitudes como el perdón y el amor. Asimismo, podemos obtenerlo al enfrentarnos a un problema aparentemente insoluble. La renuncia al control absoluto suele ir acompañada por cierta percepción; es un proceso que vemos en la creación artística, en la oración, en los estudios científicos, en la meditación.

Una fábula tibetana refiere la historia de un hombre que busca afanosamente la iluminación. Un sabio pasa por la aldea y el hombre le pide que le enseñe el arte de la meditación. El sabio le explica que debe retirarse del mundo, meditar todos los días de determinada forma, y alcanzará la iluminación. El hombre se va a vivir a una cueva y sigue las instrucciones del sabio. Pasa el tiempo, y no se produce la iluminación. Transcurren dos, cinco, diez, veinte años. Al cabo de muchos años el sabio pasa de nuevo por la aldea. El hombre sale a su encuentro y le dice que, pese a sus esfuerzos, no ha conseguido alcanzar la iluminación. El sabio le pregunta:

—¿Qué tipo de meditación te enseñé?

El hombre responde a su pregunta.

—Cometí un grave error —dice el sabio—. No era la meditación adecuada para ti. Debiste practicar otra distinta. Pero ahora es demasiado tarde.

Desconsolado, el hombre regresa a su cueva. Ha perdido toda esperanza y abandonado todo deseo, esfuerzo e intento de controlar su vida. No sabe qué hacer. Por fin decide hacer lo único que sabe hacer: meditar. Y comprueba asombrado que su confusión se disipa y un maravilloso mundo interior se revela ante él. El hombre se siente eufórico, regenerado. En un momento de éxtasis espiritual ha alcanzado la iluminación. Cuando sale de su cueva, feliz en su nuevo estado, contempla transfigurado el mundo que le rodea: los picos nevados, el aire puro, el cielo azul, el espléndido sol. Se siente alborozado. Sabe que ha alcanzado su meta. Y en la belleza de la maravillosa escena que se abre ante él cree ver la sonrisa benevolente del sabio.

¿Cómo es que ese hombre consiguió su propósito cuando dejó de intentarlo? Porque supo renunciar. El místico indio Ramakrisna decía que debemos ser como una hoja que ha caído de un árbol y gira en el aire, sin un punto de referencia. Al confiar, renunciamos a todo control. Sabemos que no podemos ejercer un control total. Quizá sintamos pánico durante unos instantes, pero luego la tensión se disipa y nos sentimos libres.

Cuando confiamos, nos abandonamos. Sabemos que nos exponemos a todo tipo de imprevistos. Nuestra tensión se relaja, nuestra mente y nuestro corazón se abren espontáneamente a nuevas posibilidades. Es un estado de ánimo inédito, en el momento presente, porque hemos renunciado a todo cuanto conocíamos. Pero al mismo tiempo es una sensación muy antigua, porque, antes de las traiciones y las amarguras, hubo un tiempo en que el hecho de confiar en los demás constituía la esencia de nuestra vida.

Confío mucho, pero en mucho no confío.
El tema de confianza en la vida religiosa es clave. Allí tenemos un gran desafío: confiar más en el otro.

Prestar atención

Lo único que cuenta es el momento presente

Según una historia taoísta, un hombre de mediana edad pierde el juicio.

Lo olvida todo. Por la noche no recuerda lo que ha hecho durante el día. Y al día siguiente no recuerda lo que hizo la noche anterior. En casa se olvida de sentarse, y en la calle se olvida de andar. En todo momento su mente borra lo que ha ocurrido el momento anterior.

Sus parientes están desesperados. Lo intentan todo, médicos, hechiceros, chamanes, pero nada da resultado. Al fin aparece Confucio y dice:

—Conozco el problema. Tengo una medicina secreta. Dejadme a solas con él.

Los parientes del hombre obedecen. La cura lleva un tiempo, y nadie sabe lo que sucede. Por fin el hombre recobra la memoria.

Se ha curado, pero está furioso.

—Antes, cuando lo olvidaba todo, mi mente era pura y libre. Ahora está abrumada por los recuerdos: años y años de éxitos y fracasos, de pérdidas y ganancias, de gozo y dolor. Y dado que recuerdo el pasado, me preocupa el futuro. Antes me sentía mejor. ¡Devolvedme mi falta de memoria!

Si uno piensa en el pasado y anticipa el futuro, no vive el

momento presente, sino que permanece inmerso en el decurso del tiempo. Y el tiempo, según podemos comprobar, es el gran misterio. El mero hecho de pensar en él nos produce vértigo. Toda nuestra vida, el nacimiento, la infancia, el primer día de escuela, la adolescencia, las amistades, los amores, el trabajo, esto es, los jalones de nuestra existencia, nos parece que abarcan un inmenso espacio de tiempo, lleno de innumerables acontecimientos. O bien nos parece que han transcurrido con gran rapidez. Piense en un año, el que acaba de pasar. Un año puede contener mil acontecimientos, agradables y desagradables, y puede parecernos largo o breve, o largo y breve al mismo tiempo. Luego piense en un minuto. Incluso en un minuto, un millar de pensamientos se agolpan en nuestra mente. Puede parecernos interminable, pero pasa en un abrir y cerrar de ojos. Ahora piense en un segundo. Nada más decir esa palabra, ya ha pasado. Pero ¿dónde está el instante fugaz? ¿Es más breve que un segundo? ¿Que la décima parte de un segundo? ¿Que la milésima parte de un segundo? Por breve que sea, no puede ser el presente, porque ya ha pasado, o aún no se ha producido. El presente es intangible.

Ese momento intangible es lo único que tenemos, lo que somos realmente. El pasado ha desaparecido. El futuro, por halagüeño que parezca, es aún un cuento de hadas. Sólo existe el presente, y no podemos asirlo. No obstante, estamos siempre en el presente. No existe un momento en el que no estemos en el presente. Nunca podemos escapar del presente, porque estamos eternamente inmersos en él.

Sólo podemos escapar del presente en nuestra imaginación. A veces es una ventaja. Los recuerdos pueden enriquecernos y darnos fuerza. Como veremos en el capítulo sobre la memoria, nuestra historia viaja con nosotros, y si no tuviéramos un pasado, no tendríamos un futuro. Uno de los síntomas más angustiosos de la demencia senil es la amnesia del pasado: la persona que la sufre se halla en el presente, pero un presente sin historia, y por tanto no sabe quién es ni lo que ha ocurrido hasta ese momento. Es huérfana de su historia.

El pasado, nuestro pasado, es nuestro patrimonio. Pero puede alejarnos del presente. Si nuestro pasado contiene recuerdos gratos, e insistimos en recrearlos, estaremos desfasados, porque el presente es distinto. No nos damos cuenta de que todo ha cambiado. Seremos obsoletos sin percatarnos de ello. Por otra parte, si nuestro pasado está lleno de oscuridad y traumas, se convierte en una pesadilla de la que tratamos de huir. Pero este pasado puede ser tan poderoso que nos sigue y se adueña del presente por la fuerza, al menos hasta que aprendemos a vivir realmente en el aquí y el ahora. De modo que el hombre de la historia china tiene toda la razón. Su paradoja nos recuerda que sólo seremos libres si vivimos el presente.

También podemos proyectarnos hacia el futuro. Es un estado, en cierto aspecto, positivo. El futuro es algo que aún podemos configurar. Es el ámbito de lo potencial, por lo que está lleno de esperanza y creatividad. Sin un futuro, sin un proyecto, no somos auténticamente humanos. Pero vivir en el futuro es hallarse en un lugar que aún no existe. El futuro puede parecer positivo, pero también puede ser un peligro. Puede gravitar negativamente sobre nosotros, convertirse en algo hacia lo que no queremos ir. Pero sabemos que iremos hacia a él inevitablemente, por más que tratemos de frenarlo. Asimismo, puede ser una época llena de cosas que hacer: el mero hecho de pensar en ello hace que nos sintamos agobiados, sabiendo que no lograremos hacer todas esas cosas. Y ese estrés nos impide vivir plenamente el momento en el que podemos hacer algo: el presente.

El hombre desmemoriado de la fábula china está furioso porque ha recuperado el pasado pero ha perdido el presente.

Por fortuna, en la vida real podemos recuperar el presente
una y otra vez. Le propongo una sencilla receta accesible a
todo el mundo: haga lo que está haciendo. Es una antigua receta para evitar todo mal: *Age quod agis*. Si hago lo que estoy haciendo, sin fantasías sobre peligros inminentes, sin que
mi mente se distraiga, estoy centrado. Estoy aquí en un cien
por cien. Por tanto, en ese momento no temo nada, no necesito nada. De este modo hallo la plenitud.

He comprobado, mientras observaba a un amigo, cómo
la conciencia del presente puede transformar casi al instante
a un individuo o a un grupo de personas. Andrea Bocconi, un
psicólogo con inclinaciones budistas, dirigía una sesión de
meditación en la que los alumnos se desplazaban de un lado
a otro. Andrea les enseñaba a centrarse en el presente. Los
participantes tenían que caminar arriba y abajo lentamente,
prestando atención a cada paso: ahora mi pie derecho toca el
suelo, ahora levanto mi pie izquierdo, y así sucesivamente. Al
cabo de cinco minutos, el clima cambió de modo radical y los
alumnos pasaron de estar distraídos y dispersos, a concentra-
dos y receptivos. Me pregunto qué ocurriría si los parlamen-
tos del mundo, o la junta de directivos de las grandes empresas, iniciaran su jornada laboral de esta forma. Según el
budismo, una vida centrada en el presente constituye la senda de la liberación. Un mínimo de atención puede llevarnos
muy lejos.

Las técnicas de meditación basadas en la atención al momento presente han sido utilizadas clínicamente con excelen-
tes resultados terapéuticos, por ejemplo, para aliviar la ansiedad, los problemas cutáneos o el dolor crónico. Uno aprende
a centrarse en el presente, observando todo tal como es, sin
juzgar, añadir ni restar. Las cosas son como son: no debemos
añadir etiquetas ni juicios. Por lo demás, prestar atención es
saludable. En un experimento llevado a cabo con dos grupos

de personas ancianas, a un grupo le dieron unas plantas para que las cuidaran, ofreciéndoles más oportunidades de tomar decisiones durante el día, es decir, de prestar atención al momento presente. El otro grupo continuó viviendo como de costumbre, sin que les dieran ningunas instrucciones. Al cabo de un año, el número de fallecimientos en el grupo de ancianos que debían centrarse en el presente, comparado con el del otro grupo, era inferior a la mitad. En suma, si presta usted atención al presente estará literalmente vivo.

Asimismo, si presta más atención, será más feliz. ¿Por qué algunas personas parecen tener siempre suerte y su vida estar llena de casualidades? ¿Es mera suerte, o existe otra razón? Richard Wiseman, un psicólogo inglés, se propuso averiguar si las personas afortunadas lo eran debido a unas características personales o a una misteriosa providencia. Comprobó que se debía a su carácter. A través de entrevistas y pruebas, Wiseman constató, entre otras cosas, que las personas afortunadas están más relajadas y tienden a ver no sólo lo que buscan, sino lo que *no* buscan. Están abiertas a lo novedoso e inesperado, mientras que otras personas menos afortunadas (y en muchos casos más neuróticas) están más cerradas y buscan sólo lo que tienen en mente, que con frecuencia no encuentran. Las personas afortunadas son las que multiplican sus oportunidades, reparando en un artículo en el periódico, escuchando en una conversación un comentario que puede serles útil, viendo un billete de banco en el suelo, sin desaprovechar ninguna oportunidad favorable. Todo eso no ocurre por arte de magia, ni por suerte, sino porque están abiertas, presentes y en sintonía con los cambios que se producen en la vida. Mientras que otras personas, menos afortunadas, permanecen cerradas en sus fantasías y obsesionadas con sus deseos imposibles. En resumen, prestan menos atención.

La atención al presente hace que todo sea más interesante, porque el mundo, en lugar de ser una sombra vaga y aburrida, cobra nuevas formas. La primera vez que me percaté de esto fue a los nueve años, cuando conocí a Aldous Huxley, al que he mencionado en la introducción, citando su comentario de que la mejor forma de desarrollar nuestro potencial es siendo más bondadosos. Según él, el hecho de prestar atención constituye la base de la bondad, y el acceso a un mundo infinitamente interesante. Para Huxley, la conciencia del presente transforma el mundo que nos rodea en un Edén, el paraíso babilónico, rebosante de tesoros y maravillas. Yo tenía nueve años cuando nos sentamos juntos a la mesa. Sabía que a Huxley le interesaba todo, aunque él se definía como un «ignorante enciclopédico». De modo que salí al jardín y cogí una gigantesca y peluda oruga, que deposité frente a él, no como una broma sino como un objeto de contemplación. Aunque algunos de los presentes mostraron su disgusto, era evidente que yo no había cometido una torpeza, pues Huxley sacó de su bolsillo una lupa que llevaba siempre y examinó detenidamente la oruga. «¡Extraordinario!», dijo, una de sus expresiones favoritas. Si vivimos en el aquí y ahora, cada momento es una sorpresa, cada instante una nueva maravilla.

Pero a menudo no sucede así. Imponemos sobre el presente nuestras expectativas y criterios, basados en el pasado y el futuro. Conocemos a alguien, y presuponemos cómo será esa persona y lo que dirá. Nos encontramos en una situación, y creemos saber lo que sucederá. Vivimos en un presente empobrecido, despojado de sus cualidades esenciales: la sorpresa y la novedad. El resultado es el aburrimiento. Somos como turistas que visitan lugares que han visto en los folletos: no ven nada nuevo, y sólo encuentran lo que esperaban encontrar.

Buda expresó en una de sus disertaciones un concepto fundamental sobre este tema: limítate a ver lo que ves, limítate a oír lo que oyes. Lo cual significa que debemos dejar de lado nuestras ideas sobre lo que esperamos encontrar, y vivir el momento presente sin perjuicios, limitándonos a prestar atención. En un estado de absoluta receptividad. Dejando que el momento presente nos sorprenda.

Vivir el presente es una condición indispensable para entablar cualquier relación. Si estoy distraído y no estoy presente, ¿dónde estoy? Y si no estoy aquí, ¿quién se relaciona con los demás en mi lugar? ¿Qué fantasma, qué robot he nombrado para que me represente? Le propongo un ejemplo: estoy en un restaurante con mi hijo Emilio. De vez en cuando acuden a este restaurante personas que me conocen pero que no conocen a Emilio. Él lleva el pelo bastante largo, le gusta lucir su cabello rubio y ondulado. Tiene un rostro viril, pero unos ojos distraídos, que ven sólo los bucles y piensan en función de estereotipos, podrían confundir a Emilio con una chica. Estamos sentados en este restaurante cuando de pronto entran unos amigos míos.

—Hola, ¿cómo estás? ¿Esta chica tan guapa es tu hija? *Ciao*.

Y se marchan. Emilio se pone furioso. No le gusta que le tomen por una chica. Al cabo de dos minutos, entra otro grupo de personas que conozco. De nuevo me preguntan quién es esa chica tan guapa. Se marchan pocos segundos antes de que Emilio estalle de ira. Al cabo de un rato aparece mi amigo y colega Virgilio y, al vernos, se acerca a nosotros. Emilio me dirige una mirada cargada de significado: ¿va a ocurrir de nuevo? Pero Virgilio presta atención a cuanto le rodea. Le encanta cuidar de su huerto durante unas horas cada día: es su forma de meditación. Quizá sea eso lo que le ayuda a vivir en el aquí y ahora. Virgilio observa a Emilio, le toca en el hombro, le saluda y le llama en broma *capellone* («melenudo»), incluyéndole en la conversación. Emilio sonríe.

Es muy sencillo: si nos hallamos en el presente, vemos realmente a la persona que está ante nosotros; de lo contrario, ésta constituye un mero concepto. La única forma de entablar relación con los demás es estar en el presente.

Estar en el presente con alguien es un don. El don de la atención probablemente es el más preciado y envidiado por todo el mundo, aunque no siempre seamos conscientes de ello. Estar allí. Atento. Esto es lo que en nuestro fuero interno confiamos en recibir de los demás, pues sabemos que nos proporcionará alivio, espacio, energía. Recuerdo un ejemplo extremo que me contó una amiga mía un tanto excéntrica. Mi amiga acudía a la consulta de un psicoterapeuta tan poco convencional como ella. En una ocasión mi amiga se sintió somnolienta y expresó su deseo de dormir. Se quedó dormida y se despertó a la mañana siguiente. El psicoterapeuta no sólo no había protestado, sino que había permanecido despierto toda la noche, junto a su paciente, presente y alerta.

Se trata de un ejemplo extremo y heroico. Piense en todas las personas que no le prestan la atención que usted necesita: marido, esposa, hijos, amigos, colegas, jefes, médicos, maestros, empleados. Piense en alguien que, mientras usted le habla, desvía la mirada, o lee el periódico, o saca a colación un tema que no viene a cuento, o se aleja. La falta de atención posee un aspecto muy negativo y deprimente que mina nuestras fuerzas y nos arrebata nuestra seguridad en nosotros mismos. Puede fomentar todos nuestros sentimientos latentes de inferioridad y hacer que nos sintamos insignificantes. En mi trabajo, a menudo escucho historias de personas que hacen el amor con su pareja mientras imaginan que lo hacen con alguien más deseable, o simplemente imaginan ser otra persona. Esto me parece el paradigma de la ausencia.

El hecho de prestar atención posee un aspecto mágico que integra y proporciona vitalidad. Me refiero a una atención *pura*, sin juicios de valor ni consejos. Prestar atención significa que somos capaces de mantener a raya el enojoso estruendo que continuamente invade y trata de seducir la mente. Así, la atención se convierte en una cualidad moral, como el amor y la justicia. Por regla general consideramos el prestar atención como un proceso neutral: «¡Ojo, no te des en la cabeza!», «¡Ten cuidado al cruzar la calle!» Pero incluso aquí existe una dimensión ética implícita, porque no prestar atención puede poner en peligro las vidas de muchas personas, como hemos visto en infinidad de tragedias: accidentes laborales, ingerir un medicamento inadecuado, personas arrolladas por vehículos porque no miraron antes de cruzar la calle, paracaídas mal doblados, aviones que se estrellan. La falta de atención puede ser desastrosa.

Sin embargo no solemos concederle la importancia que tiene. En la escuela de psicoterapia donde doy clase, hay unas tarjetas clavadas en la pared con palabras importantes, para recordarnos ciertas cualidades, como «armonía», «serenidad», etc. (Es una técnica de psicosíntesis.) Alguien colocó una vez una tarjeta que decía «atención» sobre una viga baja, para evitar que nos golpeáramos la cabeza contra ella. De este modo, la «atención» ha perdido su cualidad moral para pasar a convertirse en un mero letrero callejero. Pero la atención no sirve únicamente para impedir accidentes. Fue una buena idea colocar la tarjeta sobre la viga baja, siempre y cuando no olvidemos que también significa «estar disponible», «pensar en los demás», «escuchar».

Prestar atención significa estar despierto, ser consciente de lo que tenemos ante nosotros. Yo observo, por ejemplo, que la persona que está frente a mí está pálida, que luce un vestido nuevo, que se siente satisfecha o feliz, que parece que no ha dormido bien o que está en excelente forma. A partir de esas observaciones soy consciente de mis sentimientos hacia esa persona. Sé cómo relacionarme con ella. Cabe decir lo mismo sobre el mundo que nos rodea. Las tragedias ecológicas que se abaten sobre nuestro planeta son en realidad el resultado de nuestra falta de atención. No prestamos suficiente atención a lo que nos rodea, ni a las consecuencias de nuestros actos. Una botella de plástico arrojada en un prado, desperdicios reciclables que no tiramos al contenedor indicado, o el horrendo hormigón que destruye nuestros paisajes son consecuencia de nuestra falta de atención. Sólo tenemos que abrir los ojos.

La atención es una forma de bondad, y la falta de atención es el colmo de la grosería. A veces es una forma de violencia implícita, especialmente en lo que se refiere a niños. La negligencia se considera un abuso cuando alcanza un nivel inaceptable, pero en pequeñas dosis es una de las ignominias más comunes referentes a la infancia. Cuando estamos en presencia de alguien podemos colgar el letrero de «enseguida vuelvo» y seguir enfrascados en nuestros pensamientos. Por nuestra mente pasa infinidad de pensamientos, seductores y terroríficos, que tratan de captar nuestra atención. Les hacemos caso, nos dejamos absorber por ellos, y la persona que está frente a nosotros quizá ni se dé cuenta. Pero también podemos prestar atención. La falta de atención es fría y dura. La atención es cálida y amable. Hace que nuestras mejores posibilidades prosperen y florezcan.

Una historia africana se refiere a un rey cuya esposa siempre está siempre triste e indispuesta. Un día el monarca observa que un pobre pescador que vive cerca de palacio tiene una esposa que es la viva imagen de la salud y la alegría. El rey pregunta al pescador:

—¿Cómo consigues que tu mujer esté siempre tan alegre?

—Es fácil —responde el pescador—. Le doy carne de lengua.

El rey cree tener la solución. Ordena a los mejores carniceros del reino que proporcionen lengua a la reina, a la que impone una dieta enriquecida. Pero las esperanzas del monarca no tardan en desvanecerse. La salud de su esposa sigue deteriorándose. Furioso, el rey va a ver al pescador y le dice:

—Dame a tu esposa a cambio de la mía. Quiero una mujer más alegre.

El pescador se ve obligado a aceptar, aunque de mala gana. Pasa el tiempo y poco a poco la nueva esposa del rey, para asombro de éste, se vuelve pálida y enfermiza, mientras que su ex esposa, que vive con el pescador, muestra un aspecto radiante y feliz. Un día ésta se encuentra en el mercado con el rey, que apenas la reconoce.

—Regresa junto a mí.

—Jamás.

Entonces su ex esposa explica al rey:

—Cada día, mi nuevo marido, cuando regresa a casa se sienta junto a mí, me cuenta historias, me escucha, canta, me hace reír y me anima. Ésa es la «carne de lengua»: alguien que me habla y me presta atención. Durante todo el día espero con impaciencia que regrese a casa.

El rey lo comprende todo y siente a la vez un profundo remordimiento y la intensa energía de un momento decisivo. ¿Será capaz de subsanar sus anteriores errores? ¿Logrará mantenerse despierto y alerta?

La atención es el medio a través del cual fluye la bondad. Sin atención, la bondad no existe. Ni calor, ni intimidad, ni relación. Piense en sus mejores momentos con otras personas: seguro que estaba plenamente presente, que les prestaba toda su atención. Al prestar atención atribuimos significado e importancia, nos enriquecemos y nos sentimos unidos a otro ser humano. Ofrecemos la presencia y la energía del corazón. Sólo podemos amar, cuidar de otras personas y gozar de su presencia en el presente. Y cuando se presenta un problema, podemos resolverlo no dejándonos arrastrar por nuestras ensoñaciones, sino permaneciendo despiertos. En lo que se refiere a nuestras relaciones, lo único que cuenta es el momento presente.

Empatía

La expansión de la conciencia

Aunque no soy músico, una vez tuve la oportunidad de sostener en mis manos un violín exquisitamente construido que databa del siglo XVIII. Lo que me asombró, más aún que sus líneas armoniosas y las hermosas vetas de la madera, fue que al sostenerlo lo sentí vibrar. No era un objeto inanimado. Vibraba con los diversos sonidos que resonaban a su alrededor: otro violín, un tranvía que circulaba por la calle, una voz humana. Si sostenemos un violín normal y corriente, de fabricación industrial, eso no ocurre. Aunque se produzcan centenares de sonidos a su alrededor, el violín permanece mudo. Para obtener la extraordinaria sensibilidad y resonancia del violín antiguo, los fabricantes debían poseer unos conocimientos excepcionales de la madera y cómo trabajarla. Se apoyaban en la tradición artesanal de muchas generaciones, y poseían el don de saber cortar la madera y construir el instrumento. Esta maravillosa respuesta no es meramente pasiva, sino una virtud activa. Es la capacidad del violín de resonar, la cual va unida a la capacidad de crear un sonido de extraordinaria calidad, una música con alma, capaz de conmover e inspirar.

Los humanos somos, o podemos ser, como ese violín. Desde que nacemos podemos resonar con otros seres humanos. Un bebé recién nacido llora en presencia de otros bebés que lloran. Poco a poco la empatía, que al principio sólo es una capacidad instintiva de resonar, se desarrolla y se convierte en la capacidad de comprender los sentimientos y puntos de vista de otras personas, de identificarse con ellas.

Pero si esta capacidad no se desarrolla lo suficiente, o se malogra, tenemos problemas. Si nos mostramos insensibles a las emociones de otros, cada relación se convierte en una farsa imposible. Y si contemplamos a los otros no como unos sujetos vivos, sino como objetos, a la par con un frigorífico o una farola, los manipulamos e incluso llegamos a violarlos. Por el contrario, cuando la empatía se desarrolla de forma plena, nuestra existencia es infinitamente más rica y variada. Podemos salir de nosotros mismos y penetrar en las vidas de otros. Las relaciones se convierten entonces en una fuente de interés de enriquecimiento emocional y espiritual.

Por variado y vasto que sea nuestro mundo interior, no deja de ser un sistema cerrado, en última instancia estrecho y opresivo. ¿Se reduce tan sólo a nuestros deseos, a nuestras preocupaciones? A veces sospechamos que sí. Pero salir de ese mundo y entrar en otros —las pasiones, los temores, las esperanzas y el sufrimiento de otros seres humanos— equivale a un viaje interplanetario, pero una hazaña infinitamente más sencilla. Cerrarnos a otras personas nos hace inestables, mientras que participar en sus vidas nos ayuda a ser más sanos y felices. El ensimismamiento va unido a una mayor depresión y ansiedad. Sabemos con certeza que las personas que están más preocupadas consigo mismas y menos con los demás tienen más probabilidades de sentirse angustiadas o desgraciadas.

La empatía siempre ha sido una cualidad necesaria para nuestra pervivencia desde los tiempos prehistóricos. Los seres humanos sólo pueden prosperar en una comunidad, lo cual es imposible si son incapaces de interpretar las emociones e intenciones de otros. Es un principio aplicable a los asuntos nimios y cotidianos: una persona que trata de saltarse la cola, o arroja desperdicios en la calle, o hace ruido cuando otros tratan de dormir, lo hace porque es incapaz de concebir las reacciones de los demás. La empatía es un requisito indispensable para la comunicación, colaboración y cohesión social. Si la anulamos, regresamos al estado salvaje, dejamos de existir.

La empatía es el mejor medio de perfeccionar una relación. ¿Ha presenciado alguna discusión en que ninguna de las partes mostrara la menor intención o capacidad de ver las cosas desde el punto de vista del otro? No obstante sucede, y lo vemos todos los días en el ámbito de las relaciones internacionales. La empatía es lo que más echamos en falta, y lo que contribuiría de forma más decisiva a resolver los viejos y peligrosos problemas y prejuicios raciales. Por eso es tan importante en esta época.

Debido a la creciente movilidad de un inmenso número de personas, hoy en día tratamos con numerosos individuos pertenecientes a otras culturas. Se han criado en unos entornos totalmente distintos de los nuestros. Profesan otra religión, presentan un aspecto físico diferente. Sus costumbres, comida, ropa, actitud con respecto a la sexualidad, al tiempo, a los modales y al sentido del deber, al trabajo y al dinero —es decir, todo— son distintos. Nuestra reacción inicial suele ser de recelo. Está demostrado que los prejuicios raciales tienen unas raíces profundas y que el recelo no es racional, sino que se basa en una reacción emocional inmediata que no controlamos. Por tanto, incluso los que teóricamente aseguran no tener prejuicios, los tienen.

Una de las necesidades más apremiantes en nuestros programas educativos a todos los niveles es una formación en empatía. El gran violinista Yehudi Menuhin hizo en cierta ocasión un comentario extraordinario en una entrevista que le hicieron: si a los jóvenes alemanes les hubieran enseñado no sólo a apreciar la música de Beethoven, sino a cantar y bailar la música tradicional judía, el Holocausto no se habría producido.

Pero la empatía no sólo resuelve problemas, sino que contribuye a que nos sintamos mejor. Diversos estudios han demostrado que las personas más capaces de empatía, se sienten también más satisfechas de la vida, están más sanas, son menos dogmáticas y más creativas. Pese a esas ventajas, la empatía evoca una gran resistencia. El deseo de identificarse con el otro con el fin de comprenderlo es considerado por algunos como una señal de debilidad. No obstante, es la mejor solución para todos. Cuando una persona se siente comprendida, y se da cuenta de que vemos la validez de su punto de vista y la legitimidad de sus demandas, cambia. De esta forma podemos evitar infinidad de complicaciones.

Un día, hace tiempo, cuando conducía por la ciudad, frené bruscamente para dejar que un niño, que había bajado repentinamente de la acera, atravesara la calle. El conductor que iba detrás de mí chocó contra mi coche. Cuando ambos nos apeamos y nos acercamos el uno al otro, observé que el otro conductor iba buscando guerra. Aunque no había pronunciado una palabra, intuí que estaba furioso. No obstante, ni su coche ni el mío habían sufrido daños. De modo que me apresuré a hablar antes que él. Pude haber dicho: «Hice lo correcto». Era cierto, pero inútil, por no decir contraproducente. De modo que dije: «Circulaba a bastante velocidad y frené de repente. Usted no pudo reaccionar a tiempo. Lo siento. ¿Está usted bien?». El otro cambió de inmediato. Cada línea de su rostro se movió imperceptiblemente. En una fracción de segundo sus defensas se vinieron abajo. Sí, estaba bien. Observé en sus ojos la sorpresa. A su adversario le preocupaba que se hubiera hecho daño. Luego vi una expresión de alivio.

No era necesario pelearse. Por fin, el hombre se despidió de mí con un apretón de manos y se fue. Confieso que si mi coche hubiera sufrido algún daño, es posible que mi nivel de empatía hubiera sido menor. En cualquier caso, lo que pudo haber sido una discusión áspera y violenta quedó resuelto en unos segundos.

La empatía es un medio del que disponemos para tranquilizar y satisfacer a otra persona. No es casual que, según muchos psicoterapeutas, la empatía constituye el ingrediente esencial de una buena relación terapéutica. Las personas que sufren no necesitan diagnósticos, consejo, interpretaciones, manipulaciones. Necesitan una empatía total y auténtica. Cuando comprenden que alguien se identifica por fin con su situación, pueden librarse de su sufrimiento y curarse.

En el campo de la medicina ocurre otro tanto. Está demostrado que cuanta más empatía demuestra un médico, más competente le consideran sus pacientes. Lamentablemente, también se ha demostrado que los estudiantes de medicina poseen una mayor capacidad de empatía al principio de su carrera que al final. ¿No deberíamos exigir una mayor formación en materia de empatía en una profesión dedicada a ayudar a los demás?

No obstante, la empatía puede resultar también excesiva y abrumadora. Nos enteramos de los problemas y desgracias de otras personas, nos identificamos con ellas por completo y terminamos agotados y hechos polvo, a veces incluso furiosos. Corremos el riesgo de perder nuestro centro. Permítame que le cuente una divertida anécdota. Hacia el final de su vida, mi madre, que seguía gozando de buena salud, sufría a veces lagunas mentales. Un día me dijo que en ocasiones, cuando conducía, procuraba ponerse en el lugar de los demás hasta el punto de que cuando el semáforo se ponía en rojo para ella pensaba «está verde para ellos», y al situarse en el lugar de los demás, pasaba con el semáforo en rojo. No se daba cuenta de lo que había hecho hasta haber pasado varios semáforos en rojo y haber observado las airadas reacciones de otros conductores. Es una anécdota simbólica. La empatía que nos lleva a olvidarnos de nosotros mismos es un peligro. En primer lugar debemos asegurarnos de tener conciencia de nosotros mismos y nuestras necesidades, de estar en posesión de nuestro espacio y tiempo. Debemos controlar nuestra propia vida antes de tratar de resolver los problemas de los demás. De lo contrario podemos sufrir un accidente.

La empatía es un ingrediente de la inteligencia emocional necesario para comportarnos de forma competente y eficaz en el mundo de hoy. Una mayor empatía significa tener más probabilidades de destacar en la escuela, de hallar un trabajo, de gozar de unas relaciones satisfactorias y de comunicarnos mejor con nuestros hijos. Piense en un agente publicitario incapaz de imaginar las reacciones de los demás, un músico sin la menor relación con su público, un profesor que no comprende a sus alumnos, un padre o una madre que no sabe lo que les ocurre a sus hijos. ¿Cómo van a arreglárselas?

Un aspecto revelador de la empatía, una auténtica prueba de fuego, es la capacidad de alegrarse de los éxitos de los demás, una virtud que los budistas denominan *mudita*. Digamos que un amigo suyo tiene un éxito inesperado, o que el hijo de este amigo muestra unos talentos que sus hijos no poseen, o que goza de una intensa y maravillosa relación con su pareja, como la que usted desearía tener. ¿Cómo reaccionaría? ¿Se alegra por él? ¿O se siente en el fondo disgustado de que eso no le haya ocurrido a usted? ¿Hace comparaciones, se pregunta por qué no ha tenido usted esa suerte, o se siente envidioso? La alegría empática por el éxito de los demás es rara, salvo en lo tocante a nuestros hijos, a los que consideramos una extensión de nosotros mismos. No es fácil experimentar una alegría incondicional por la felicidad que otros reciben y a nosotros se nos niega. Si lo conseguimos, significa que hemos avanzado mucho.

Pero la empatía no es una cualidad alegre y desenfadada. Por el contrario, tiene más que ver con el fracaso que con el éxito, con el sufrimiento que con la dicha. Es precisamente cuando las cosas van mal que la empatía es beneficiosa. Ciertamente, nos alegramos cuando alguien comparte nuestros momentos felices. Pero cuando tenemos problemas es cuando más necesitamos que alguien nos comprenda.

Para que la empatía sea plena y auténtica, la persona que la experimenta debe mantener una relación saludable con su sufrimiento y el de los demás. El dolor es por definición lo que más detestamos. Siempre procuramos huir de él. Evitar el dolor es la base de nuestra salud, y reducirlo al mínimo es síntoma de inteligencia. Pero el dolor es un elemento inevitable en nuestra vida. Somos muy frágiles. Antes o después todos enfermamos, cometemos errores, nos sentimos desilusionados con lo que la vida nos ofrece, perdemos a un ser querido. Todos sufrimos. Y tenemos que afrontar nuestro sufrimiento.

¿Cómo afrontar el dolor? No es fácil. Algunos fingen no sentirlo y sonríen para disimular: «No tiene importancia». Algunos se ufanan de él: «Mi jaqueca es más intensa que la tuya». Algunos lo exhiben, describiendo sus desdichas con todo detalle: «Deja que te cuente la historia de mis caries». Algunos culpan a Dios o al destino, convencidos de ser el blanco de las iras divinas o de la adversidad: «¡Siempre tiene que pasarme a mí!» Y otros se quejan continuamente, incluso cuando el dolor ha remitido, no sólo de un dolor real sino de un posible dolor, para evitar que los pille por sorpresa. Algunos luchan sin cesar, tanto si tienen motivos para ello como si no. Y otros, por fin, se sienten tan descorazonados y deprimidos que se retiran de la vida: «Me rindo».

Ninguno de estos métodos sirve para combatir el sufrimiento. Quizás aporten un alivio ilusorio, pero por regla general perpetúan o intensifican el sufrimiento en lugar de eliminarlo. La mejor forma de afrontar el dolor es enfrentarse a él directamente, con honestidad y valor. Penetrar en él, como en un túnel, y salir por el otro lado.

El mito de Quirón nos enseña mucho sobre esta actitud. Quirón nació de una violación. Su padre, Cronos, el dios de los dioses, se había transformado en un caballo para perseguir a una mujer, a la que consiguió atrapar y violar. El hijo nacido de esta violación es un centauro, mitad caballo y mitad hombre, cuya madre lo rechaza de inmediato. Por tanto, Quirón es fruto de la ignominia y el sufrimiento. Al principio trata de negar la terrible verdad. Con ayuda de Apolo, cultiva todo cuanto es noble e inteligente, es decir, el lado humano. Se convierte en un experto en el arte de la medicina, las hierbas, la astrología, el tiro con arco. Su fama se propaga hasta el extremo de que los reyes desean contratarlo como tutor de sus hijos e hijas. Pero un día Quirón sufre un accidente fortuito cuando una flecha envenenada le hiere en la rodilla. De haber sido simplemente un hombre, habría muerto, pero es hijo de un dios, por lo que no puede morir. Tan sólo sufrir.

Quirón padece lo indecible. La herida afecta a su movilidad y depende para todo de su hija. La flecha se ha clavado en la parte inferior de su cuerpo, la parte animal, de la que Quirón se avergüenza y se esfuerza en olvidar, puesto que le recuerda el doloroso rechazo de su madre. En ese estado, Quirón no puede ejercer de maestro de reyes, sino tan sólo ayudar a los pobres y los enfermos, una tarea que lleva a cabo con extraordinaria destreza. Por más que Quirón trata de aliviar su propio dolor, fracasa. Pero gracias a sus conocimientos, sensibilidad y capacidad de experimentar empatía, adquirida a través de dolor, consigue aliviar el sufrimiento de otros. Se convierte en el sanador herido.   " *Wounded healer* "

Un día Quirón averigua que su dolor cesará si renuncia a su inmortalidad. Debe renunciar al último de sus privilegios. Decide hacerlo, y desciende al inframundo, donde permanece nueve días. Por fin, Júpiter hace que ascienda al cielo, convirtiéndolo en la constelación que vemos en las noches estivales despejadas. Al fin encuentra la paz y la unión con el cosmos que siempre ha buscado.

Quirón no es un héroe viril como Aquiles o Hércules. Es el antihéroe. Triunfa debido a su fragilidad, no a pesar de ella. Adquiere la virtud de la empatía y sana a otros sólo cuando deja de tratar a toda costa de reafirmar su inteligencia y talento. Consigue su máxima aspiración, la unión con el Todo, cuando, en lugar de combatir el dolor, lo acepta.

Los que mantienen una relación negativa con el dolor poseen una menor capacidad de experimentar empatía. Si yo niego mi sufrimiento, me cuesta identificarme con el de los demás. Si me ufano de él, considero a los demás como mis adversarios y me muestro insensible a sus problemas. Mi sufrimiento es el terreno de la empatía.

Naturalmente, nuestra empatía es mayor hacia aquellos cuyo sufrimiento se asemeja al nuestro. Una persona maltratada en su infancia puede comprender mejor a otra que padece el mismo trauma. La víctima de un accidente de tráfico, o de abusos sexuales, o una persona que se ha arruinado, está más capacitada para comprender a otros que sufren unas tragedias similares. Y para ayudarlos. Así, el área del trauma se convierte en el área de servicio.

Ésta es la forma más dura y dolorosa de desarrollar la empatía. Es una forma que no deseo a nadie, pero es el destino de todos. El dolor, en diversos grados, es nuestro compañero de por vida. Pero no todos sus efectos son trágicos.

Cuando nos enfrentamos a él sinceramente, el dolor puede dar unos frutos importantes. Se nos clava profundamente, nos abre, a veces con violencia, nos obliga a crecer y madurar, a descubrir en nosotros unas emociones y unos recursos que desconocíamos, estimula nuestra sensibilidad, y quizá nuestra humildad y sabiduría. Es un duro recordatorio de lo esencial. Nos conecta con los demás. Sí, el sufrimiento puede endurecernos o hacernos más cínicos, pero también puede hacernos más amables.

Por fortuna, existen otras formas, aparte del dolor, de desarrollar la empatía. El conocimiento y la práctica de las artes —literatura, pintura y, ante todo, el baile— comportan entre otros beneficios una mayor capacidad para experimentar empatía. Pero el método más sencillo y directo consiste en situarse, con la imaginación, en el lugar del otro. La primera persona que adoptó esta técnica fue Laura Huxley en su libro *You Are Not the Target* [No eres el blanco]. Consiste en lo siguiente: después de haber tenido un problema con alguien importante en nuestra vida, por ejemplo una disputa con nuestro cónyuge, debemos revivir el episodio, identificándonos con el otro. Si lo conseguimos, contemplaremos el mundo, inclusive a nosotros mismos, desde un punto de vista distinto y a menudo sorprendente. He conocido a personas que gracias a este método han alcanzado unos logros increíbles, y que confesaron que hasta entonces no conocían a fondo a una persona próxima a ellos.

En cierta ocasión fui al estudio de Laura Huxley, en el que sonaba una música maravillosa, un concierto para piano de Mozart. Laura estaba en una habitación contigua, efectuando unas llamadas telefónicas para ayudar a una joven tailandesa que había llegado recientemente a Estados Unidos y que estaba embarazada. Oí a Laura hablar por teléfono, y aunque no pude captar lo que decía, comprendí de qué iba la conversación. Percibí en su voz una profunda preocupación por esa joven, el deseo de ayudarla. Generalmente prefiero escuchar música sin otros sonidos. Pero esta vez las palabras que pronunciaba Laura en la habitación contigua se combinaban mágicamente con la música de Mozart. Sentí que Laura se había colocado en el lugar de la joven tailandesa, que comprendía su angustia, su soledad, su desesperación al hallarse en un país extranjero y, para colmo, estar embarazada. La voz de Laura pasó a formar parte de la música de Mozart; parecía como si la música me ayudara a descubrir la belleza de la solidaridad, y la voz que pedía ayuda me ayudaba a comprender la prodigiosa riqueza de la música de Mozart. En esos momentos comprendí el significado de la compasión: participar en el sufrimiento de otros seres humanos identificándonos con ellos de forma sincera e intensa.

Los niños sienten con frecuencia una compasión inmediata e intensa, quizá más que los adultos. Las personas mayores hemos pasado por muchos avatares y estamos más endurecidos. Cuando pasamos junto a un pobre borracho que duerme en la calle o junto a una mujer que pide limosna, a veces ni siquiera reparamos en ellos. Pero los niños no están inmunizados contra los males y los sufrimientos del mundo. Recuerdo que cuando mi hijo Jonathan tenía cuatro o cinco años vio por primera vez a un hombre sin techo, una piltrafa humana, como vemos con frecuencia en las grandes urbes. A nosotros nos parece normal: estamos acostumbrados a verlos. Pero un niño no. Jonathan contempló al hombre, vestido con harapos, con el pelo largo y apelmazado, el rostro lleno de amargura, que no cesaba de murmurar unas frases ininteligibles mientras hurgaba en la basura. La cara de Jonathan mostró en primer lugar asombro, luego una expresión mezcla de infinita compasión e indignación: ¿cómo era posible que existiera semejante indignidad? En otra ocasión Jonathan vio a una anciana decrépita, encorvada y enferma, que subía por una escalera con enorme esfuerzo. En esos momentos Jonathan comprendió que en la vida existe el sufrimiento de la vejez. No sé lo que pensó entonces, pero sé que sintió dolor, compasión. A veces un niño nos ayuda a redescubrir nuestros sentimientos.

La compasión es el resultado último y más noble de la empatía. Es una cualidad espiritual, porque nos aleja de nuestro egoísmo y codicia. Abarca a todo el mundo, inclusive a la persona menos capaz, menos agradable, menos inteligente. Hace que nos abramos y unamos a los demás. Hace que nuestro corazón rebose de alegría.

Pero podemos definir la compasión de otra forma: como la relación en su estado puro. Con frecuencia nuestras relaciones están presididas por los juicios de valor. Nos gusta juzgar. Hace que nos sintamos superiores. O quizá exista una vieja deuda, el deseo de vengarnos (un plato que podemos saborear, pero no digerir). Quizás el problema sea la competitividad, o la necesidad de aconsejar, o el afán de hacer comparaciones. O quizá veamos a la otra persona como un medio para alcanzar un fin. Todas estas interferencias perjudican y distorsionan la relación.

Ahora imaginemos una relación, sea la que sea, en su estado puro. Imaginemos que está exenta de todo juicio, rencor y comparaciones. Nos hallamos frente a frente con otra persona, sin una mampara ni defensa. Entonces somos capaces inmediatamente de vibrar al unísono con esa persona. Despojados del lastre, nos sentimos más ligeros. Olvidamos nuestras prisas. Somos libres. Entonces la empatía es posible. Y también el conocimiento. Si usted y yo nos abrimos uno al otro, sin barreras entre nosotros, yo sentiré sus sentimientos y usted los míos. Me sentiré comprendido por usted y usted por mí. Si usted sufre, desearé que su sufrimiento cese, y si yo sufro, sé que usted me apoyará. Si usted es feliz, yo lo seré también, y si las cosas me van bien, sé que usted se alegrará.

Y quizá baste con esto.

Humildad

No eres la única persona que cuenta

Uno de los mejores consejos que podemos recibir es: «Conoce tu propia fuerza».

Piense en una persona que se enfrenta al mundo sin conocer sus capacidades y limitaciones, que tiene unas ideas equivocadas sobre sí misma, que sueña con ser poderosa, rica y admirada debido a una serie de cualidades que no posee. Esa persona es incapaz de juzgarse a sí misma. Equipada con ideas erróneas, penetra en la arena del mundo dispuesta a competir y triunfar. Uno no puede por menos de estremecerse al imaginar la suerte que correrá. Es como un niño que cree que puede andar durante muchos kilómetros, pero que se cansa después de recorrer doscientos metros.

Conocer nuestros puntos débiles y aceptarlos, por doloroso que sea. Ser honestos con nosotros mismos. Conocer los peligros. Descartar las ideas quiméricas y comprender que hay mucho que no sabemos. Atesorar las lecciones de la vida. Eso es humildad. Y la humildad es una gran fuerza.

El último emperador, la película de Bertolucci, cuenta la historia verídica del emperador chino, que fue educado como un dios en un espléndido palacio, servido y honrado como si fuera el centro del universo. Vivía aislado del mundo, solo y desinformado, en su imponente palacio. Pero los grandes disturbios de la sociedad china pusieron fin a esos privilegios. En el momento cumbre de la historia, cuando el emperador se ve obligado a huir, comprende que no es divino, sino humano, que no es superior a otros, sino igual. La extraordinaria estructura que le había aislado del mundo, que le había llevado a creer que era Dios, que le había arropado en su universo irreal, se viene abajo. El emperador descubre que es un hombre como los demás, susceptible al dolor y a la incertidumbre. Al humillarse de esa forma, descubre quién es. Y esta comprensión, por dolorosa que sea, no es una derrota, sino una victoria inesperada.

Cuando uno conoce sus propios límites, está preparado para comenzar de nuevo. Un aforismo zen dice que la mente del principiante contiene infinitas posibilidades, mientras que la mente del experto muy pocas. Es preferible ser un principiante, incluso en nuestro campo de supuesta pericia. Ciertamente, cuando somos expertos en algo causamos una excelente impresión, arriesgamos menos, nos defendemos con nuestra reputación y nos sentimos seguros. Pero aprendemos poco, porque creemos que lo sabemos todo. Por el contrario, como principiantes, siempre estamos dispuestos a aprender, a formular preguntas inocentes, incluso estúpidas.

Un estudio reciente ha demostrado que si uno desea realmente aprender la mejor actitud es la humildad. Los estudiantes más humildes, que piensan que no saben nada, realizan más pruebas y trabajos de investigación al enfrentarse a un problema, y demuestran ser más eficientes que los que creen que conocen la respuesta. Es lógico. Un estudiante que sobrestima sus conocimientos fracasará en el examen. Asimismo, un deportista que subestima a su competidor perderá. Ser humilde significa que uno trabaja con más ahínco y se prepara mejor.

La humildad va unida al aprendizaje y al afán de renovarse. Con frecuencia llegamos a un punto en nuestra vida en que, en lugar de permanecer abiertos a seguir aprendiendo, optamos por unos planes seguros y previsibles. Y preferimos el prestigio del maestro a la humildad del alumno. De modo que cerramos la puerta a la realidad, lo damos todo por supuesto y dejamos de interrogarnos, de reconocer que lo que sabemos posiblemente haya perdido vigencia, que nuestro bagaje cultural empieza a ser obsoleto. Por mor de la comodidad renunciamos al esfuerzo del escepticismo y la investigación. En los casos extremos, nos convertimos en *zombis*. Lo cual no deja de ser una lástima, cuando las cosas podrían ser distintas. Uno de los dibujos de Goya muestra a un anciano decrépito, y debajo leemos dos palabras: *Aún apriendo*, «Sigo aprendiendo». Ésta es la vitalidad intelectual. Esto es humildad.

En las relaciones con los demás ocurre otro tanto. Con frecuencia excluimos a priori la posibilidad de que los otros puedan enseñarnos algo nuevo. O bien optamos por reconocer que a nuestro alrededor se mueven personas que, con sus experiencias, sentimientos e ideas, sus sueños e ideales, pueden enriquecer nuestra vida a poco que nos detengamos y escuchemos. Debemos tener el valor de preguntarnos: ¿qué puedo aprender de esta persona? *Aún apriendo...*

En ocasiones la humildad es dura, incluso dolorosa. Pero siempre en todo caso es beneficiosa. El don de la humildad nos asiste en los momentos más difíciles. Con frecuencia nos volvemos más humildes después de un fracaso. Comprendemos que no somos tan inteligentes ni fuertes como creíamos. Somos conscientes de nuestra humanidad: somos falibles y vulnerables. Si evitamos dejarnos abrumar por nuestras derrotas, grandes y pequeñas, éstas nos enseñarán lo que podemos y no podemos hacer. Si sólo conocemos el triunfo, tendremos problemas. Habremos perdido nuestro criterio.

Cuando somos conscientes de nuestros puntos fuertes y débiles, tendemos menos a demostrar lo inteligentes que somos. Por otra parte, muchas personas inseguras parecen un anuncio publicitario de sí mismas. Se afanan en demostrar lo perfectas que son. No contentas con cómo son, se esfuerzan en ser mejores que los demás, lo cual se convierte en la meta de su vida. Debido a su afán de competir, tienen menos energía para lo que cuenta realmente: aprender y crear, relacionarse con los demás de forma satisfactoria, mostrarse abiertas a un mundo lleno de interesantes oportunidades.

Existen numerosos estudios que confirman que cuanto más competitivos somos, menos eficientes y dispuestos a aprender seremos, además de menos creativos, porque el temor de competir nos impide concentrarnos en la tarea que nos ocupa. La humildad es justamente lo contrario. Consiste en no estar programados para ganar. Una persona humilde no necesita triunfar para justificar su existencia. Sabe que otros son superiores a ella, y lo acepta. Este hecho elemental tiene unas consecuencias de enorme magnitud. No trato de ser lo que no soy, me doy permiso para ser lo que soy.

Un día los funcionarios del emperador chino (otro emperador, perteneciente a una época anterior) fueron en busca de Chuang Tzu, el filósofo taoísta que vivía como un pobre, pero solo y libre. El emperador había oído decir que Chuang Tzu era muy sabio, y deseaba que fuera su consejero en su corte. Estaba dispuesto a ofrecerle todos los honores, riquezas y privilegios. Chuang Tzu respondió:

—Imaginad una tortuga. ¿Qué creéis que prefiere? ¿Estar viva y revolcarse en el lodo, o muerta, dentro de su caparazón dorado y reluciente para servir de joyero?

—Estar viva —contestaron los funcionarios.

—Entonces dejad que me revuelque en el lodo.

Chuang Tzu rechazó las pesadas cadenas de un «rol». El término «rol» proviene de la voz latina *rotula*, los rollos de pergamino que los actores de épocas pretéritas sostenían en la mano mientras recitaban su papel en la función. Los roles constituyen lo prefigurado y previsible en nosotros. Si son importantes, nos ayudan a ocultar nuestras debilidades y nos proporcionan una fuerza ficticia. Si soy presidente, dejo de ser el tipo dispéptico que no se lleva bien con su esposa. Si soy profesor, me olvido durante un rato de mi depresión y dolor de espalda. Puedo impresionar a mis alumnos y ser importante.

A principios de mi carrera tuve ocasión de contemplar la nefasta esclavitud de los roles, así como la facultad de librarse de ellos. Mi profesor, Roberto Assagioli, comenzaba a ser conocido fuera de nuestras fronteras y acudía un gran número de visitantes a conocerle. Entre ellos se presentó un día un grupo de renombrados especialistas en el campo de la psicoterapia y la espiritualidad. Estaba previsto que Assagioli los recibiera por la tarde y yo organizara para ellos una serie de sesiones de terapia de grupo. Yo, el neófito, tenía que guiar a esas figuras de renombre internacional a través de unos ejercicios psicosomáticos. ¿Cómo reaccionarían? ¿Verían mis puntos débiles, me tolerarían con paciencia, o me avergonzarían con complicadas preguntas o comentarios maliciosos? Estaba consumido por los nervios. Todo transcurrió bien: no se produjeron los errores ni desastres que me temía. No obstante, observé que todos los participantes, pese a su amabilidad e ingenio, se identificaban con sus respectivos roles. Todos plantearon las preguntas e hicieron los comentarios previsibles dentro de sus roles públicos. Sólo una persona del grupo era distinta de los demás: Virginia Satir, la célebre psicoterapeuta estadounidense y consejera familiar. Se comportó como una principiante. Realizó los ejercicios y habló sobre sus reacciones y pensamientos espontáneos, olvidando su estatus y pericia profesional. Aún recuerdo el alivio y la gratitud que sentí en presencia de esa mujer, una eminencia en su campo, pero dispuesta a dejar de lado su imagen pública y partir de cero.

Yo recelo de la palabra «imagen» tal como suele utilizarse en ocasiones. Políticos, actores y hasta el común de los mortales cultiva su «imagen». Este procedimiento da, por supuesto, una diferencia entre la imagen pública y la personalidad auténtica. Por fuera vemos la imagen, minuciosamente cultivada por los expertos: aquí me tenéis, sonriente, atlético, bien vestido, un triunfador. Pero ¿qué se oculta detrás de la imagen? Deseo saberlo, conocer la sustancia. En la oscuridad se oculta un ser insignificante y atemorizado que desea ser amado y admirado, pero que teme la soledad y el fracaso.

Cuando la imagen y la sustancia coinciden, tenemos humildad. En ese caso no tratamos de parecer distintos de como somos, sino que nos mostramos cómodos con nuestros defectos y nuestras debilidades. ¿Con qué tipo de persona prefiere usted relacionarse? ¿Y qué tipo de persona —orgullosa o humilde— cree que es más amable y agradable? No tengo ninguna duda de que alguien que trata de demostrar lo inteligente que es no puede ser verdaderamente bondadoso. Su bondad será siempre condescendiente. Sólo una persona humilde puede ser bondadosa, porque, al no tratar de demostrar su superioridad, es capaz de disfrutar de una relación en la que nadie triunfa y todos ganan.

Según una fábula afgana, un rey gobierna su país de forma tiránica y cruel. Tiene a sus súbditos sojuzgados y los abruma con impuestos excesivos, sin preocuparse por su bienestar; a sus ojos todos son meros peones anónimos. Un día el rey va de caza y persigue a una gacela. Ésta corre velozmente, conduciendo al rey a lugares desconocidos, hasta que éste se extravía en los límites de un desierto. El monarca tan pronto ve a la gacela como deja de verla, luego vuelve a vislumbrarla durante unos segundos a lo lejos, y por fin ésta desaparece por completo.

Decepcionado, el rey decide regresar, pero está muy lejos de palacio y no encuentra el camino de regreso. De pronto estalla una violenta tormenta de polvo que se prolonga durante tres días. El rey está rodeado por un denso remolino de polvo. Echa a andar sin rumbo. Cuando la tormenta cesa por fin, comprueba que se halla en el desierto, solo. Está perdido. Tiene la ropa hecha jirones, el rostro irreconocible, distorsionado por el temor y la fatiga. En ese momento se encuentra con unos nómadas. Cuando les dice que es el rey, los nómadas se echan a reír, pero le ayudan, le dan comida y le indican el camino. El rey consigue regresar a palacio, no sin grandes esfuerzos, pero los guardias —sus propios guardias— no le reconocen y le impiden entrar. Le toman por un pobre loco. El rey ve a través de la verja al rey que le ha sustituido: un misterioso espíritu que ha asumido su lugar y finge ser él, reinando como lo hacía él, con arrogancia y crueldad.

Poco a poco el rey aprende a vivir en la pobreza. Consigue sobrevivir, pero no sin la ayuda de otros. Un día una persona le da agua para que beba, alguien le ofrece comida, o un techo, o trabajo. El rey se esfuerza también en ayudar a los demás. En cierta ocasión salva la vida de un niño atrapado en una casa que está ardiendo. Otra vez ofrece comida a alguien más hambriento que él. Poco a poco el rey comprende que sus súbditos son personas como él, y que en la vida todos debemos ayudarnos unos a otros. Comprueba que la vida es más hermosa e interesante cuando nos amamos y ayudamos mutuamente. Por fin se da cuenta de que el rey que gobierna en esos momentos es una fantasía creada por el ángel de la humildad. Ha llegado el momento de que el rey retorne a su palacio y asuma de nuevo las riendas del poder. Pero a partir de entonces el monarca gobierna con sabiduría y bondad, porque ha aprendido una valiosa lección de humildad.

La historia del rey nos enseña un elemento fundamental de la humildad: yo no soy el único que cuenta, existen otras personas. Nadie negaría este axioma, pero ¿cuánta gente vive de acuerdo con él? Desde la infancia portamos dentro de nosotros unas convicciones no declaradas, las cuales, al manifestarlas explícitamente, nos parecen absurdas. No obstante siguen operativas, como un viejo programa que no ha sido desactivado. Nuestra convicción implícita e irracional de que somos distintos y especiales es un residuo de la infancia, que hace que nos comportemos como si no estuviéramos supeditados a las leyes y normas comunes.

La humildad es la muerte de esta convicción íntima. Es una revolución copernicana: comprobamos que no somos el centro del universo. El hecho de comprender que no somos tan importantes como pensábamos puede ser doloroso, pero a la vez liberador. El presidente norteamericano Theodore Roosevelt tenía la costumbre de salir por la noche para contemplar las estrellas y recordar la vastedad del universo. Ser el presidente de una gran nación tenía un aspecto muy distinto en el contexto de las galaxias.

Ésta es una condición esencial de la bondad. ¿Cómo podemos actuar con bondad si, en nuestro fuero interno, creemos que somos especiales y no estamos sujetos a las leyes que otros deben acatar? Todos hemos visto coches aparcados que ocupan dos plazas, cuando una plaza de aparcamiento vale tanto como el peso del coche en oro; o pasajeros en unos trenes abarrotados con las piernas apoyadas en los asientos de enfrente, fingiendo estar dormidos mientras otros van de pie; o personas fumando en lugares en los que nadie desea inhalar su humo. Si pregunta a esas personas si existen otras, le mirarán con perplejidad y responderán: sí. Pero quizá no se hayan percatado de las vastas e inoportunas connotaciones de este simple hecho.

El hecho de reconocer que nos hallamos al mismo nivel que todo el mundo, precario, quizá banal, que necesitamos a los demás y que somos imperfectos en un mundo imperfecto, puede ser desagradable. De modo que nos defendemos de este hecho con multitud de fantasías y esperanzas. Pero es precisamente al comprender y aceptar nuestras debilidades cuando desarrollamos la plenitud de nuestra humanidad. Ésta es nuestra realidad, así es como somos realmente. Es una base sólida sobre la cual podemos tomar contacto con otras personas. Todos los que piensan de esta forma son humildes. Uno se siente a gusto con ellos, porque poseen esa extraña mezcla de serenidad e ironía que sólo la humildad puede ofrecer. ¿No es ésta la mejor forma de ser humilde?

La humildad también es inherente a la capacidad de contentarse con lo que uno tiene, una valiosa cualidad en tiempos como los nuestros, cuando el despilfarro constituye la base del desarrollo económico; la codicia, un estilo de vida, y la demanda de nuevos privilegios, un deber social. A menudo los que se contentan con lo que tienen son considerados unos perdedores. Pero tienen más probabilidades de sentirse serenos y felices que otros. Recuerdo una noche en un restaurante chino, cuando después de la cena nuestros amigos sacaron sus regalos navideños para nuestros hijos, unos regalos oportunos y bien elegidos, entre ellos una cámara fotográfica cargada con un rollo de película. De pronto noté que había una niña china observándonos. Era miembro de la familia que regentaba el restaurante. No pude adivinar lo que pensaba, pero me sentí un tanto incómodo, pues supuse que quizá anhelaba recibir ese tipo de regalos. Al cabo de unos momentos me distraje con la conversación de sobremesa, y poco después abandonamos el restaurante. Mientras aguardábamos fuera a que uno de nuestro grupo trajera el coche, observé a través de la ventana que la niña china se había acercado a nuestra mesa y jugaba entusiasmada con el estuche vacío del carrete, un simple cilindro de plástico. Luego alzó la vista hacia nosotros y, al ver que yo la estaba mirando, sonrió.

Fue una lección de humildad. En la era de las prisas, cuando muchas veces ni siquiera tenemos tiempo para saborear lo que la vida nos ofrece, pero no cejamos de buscar nuevos productos y estímulos, cuando nada parece satisfacernos, ver a alguien feliz con un objeto insignificante produce un gran alivio y es un ejemplo que recordar.

En suma: la humildad nos coloca en un estado en que aprender es una posibilidad. Nos hace apreciar lo simple, y al ser más simples, somos también más auténticos. La humildad llevada a la práctica nos permite estar en contacto con la realidad. Se acabaron los sueños, las fantasías y las quimeras. Yo soy uno de tantos, mortal y limitado, un ser humano entre seres humanos. No necesito demostrar que soy superior a nadie. Existen otras personas, con sus necesidades, sus realidades, sus aspiraciones y dramas, y yo soy tan sólo uno de los miles de millones de seres humanos que habitan en este planeta, no más que una mota de polvo en el espacio sideral, y mi vida no es sino un momento en el vasto tiempo universal.

Comprender este hecho nos hace diferentes: más humildes, capaces de una ironía benevolente, mejor preparados para ocupar nuestro lugar y dejar que los demás ocupen el suyo. La humildad nos ayuda a encontrar nuestro lugar bajo las estrellas.

Paciencia

¿Has dejado atrás tu alma?

Esta historia ocurre en Etiopía. Un hombre y una mujer, ambos viudos y jóvenes todavía, se conocen y se enamoran. Deciden fundar juntos una nueva familia. Pero hay un problema: el hombre tiene un niño de corta edad que no ha superado aún la muerte de su madre. El niño se muestra hostil hacia la nueva esposa de su padre, y la rechaza como madre. Ésta le prepara platos especiales, le confecciona bonitas prendas y se comporta siempre amablemente con él, pero el niño ni siquiera le dirige la palabra, no le hace el menor caso.

La mujer acude al hechicero y le pregunta:

—¿Qué puedo hacer para ser aceptada como madre?

El hechicero es muy sabio, tiene la respuesta para cualquier problema y todos tienen mucha fe en él.

—Tráeme tres pelos del bigote de un león —le dice a la mujer. Ésta le mira incrédula. ¿Cómo podrá arrancarle a un león tres pelos de su bigote sin que éste la devore?—. ¡Tráeme tres pelos del bigote de un león!

La mujer va en busca en un león. Tarda bastante en dar con uno, pero al fin lo encuentra. La mujer guarda una distancia prudencial, temerosa de acercarse. Permanece largo rato observando de lejos al león. La espera se hace interminable. Hasta que la mujer decide ofrecerle comida. Después de acercarse un poco, le deja un pedazo de carne y se aleja. Cada día hace lo mismo. Poco a poco el león se acostumbra a la presencia de la mujer, hasta que ésta pasa a formar parte integrante de su vida. El león no se enfurece al verla —a estas alturas sabe que sólo le ofrece cosas buenas— y la mujer le pierde el miedo. Un día, cuando el león está dormido, la mujer le arranca tres pelos del bigote. Sin mayores problemas.

La mujer no necesita volver a ver al hechicero. Ahora lo comprende. Durante esos meses ha cambiado. Ha comprendido el valor de la paciencia. Con el niño utiliza la misma técnica que con el león. Espera fielmente y se aproxima a él poco a poco, respetando la actitud del niño y su territorio, sin invadirle, pero sin renunciar a su esperanza de congraciarse con él. Por fin el niño la acepta como su madre. La mujer ha conquistado el corazón del niño con su paciencia.

La virtud de la paciencia se demuestra en primer lugar al tratar con personas difíciles, las que se niegan a escuchar la voz de la razón, las que pierden los estribos a la primera de cambio, las que se niegan a ceder. Al igual que el niño de la fábula, sus heridas profundas les impiden relacionarse con los demás con un mínimo de receptividad y cordura. Luego están también las personas que son un incordio. En nuestra vida cotidiana nos topamos con ellas continuamente, con personas que nos interrumpen a cada momento, que nos critican por criticar, que tratan de arrebatarnos nuestro tiempo, nuestra atención o nuestro dinero, que nos manipulan o coaccionan, que se ponen a hablar sin parar aunque sepan que tenemos prisa. Todo es relativo, por lo que todos somos, según el momento, víctimas y, en cierta medida, verdugos. Todos conocemos a personas difíciles, y todos hemos incordiado a otros en ciertas ocasiones, quizá sin darnos cuenta.

Pero algunas personas se llevan la palma a la hora de incordiar. Nuestra reacción al enfrentarnos a ellas es de irritación, y o bien expresamos nuestro enojo, o bien sufrimos en silencio. Pero también cabe la posibilidad de practicar el arte de la paciencia y ayudar a esas personas a que se sientan mejor consigo mismas. En cierta ocasión pude comprobarlo personalmente durante un viaje en avión. Ante todo, un avión constituye, para muchos de nosotros, un lugar que nos produce una gran frustración. Es difícil soportar el tiempo compartiendo un espacio reducido con otras personas, sentado en un artilugio ruidoso e inestable. Pero ¿qué ocurre si nuestro vecino es un incordio? Detrás de mí iba sentado un hombre evidentemente borracho, que a medida que seguía bebiendo se volvía más escandaloso y agresivo. En cierto momento dejó caer su bandeja y las patatas fritas, champiñones y macarrones quedaron esparcidos por el pasillo. De pronto observé con estupor que llevaba un gigantesco sapo en una caja (no me pregunten cómo consiguió pasar los controles). Las azafatas de vuelo no tardaron en tomar cartas en el asunto. Pero en lugar de increparle, como yo confiaba que harían, se pusieron a hablar con él, a bromear, a servirle más vino (sólo un poco) y a admirar el sapo, tras lo cual limpiaron los restos de comida sin rechistar. El borracho se calmó y al poco rato se quedó dormido.

Ésta es una de las situaciones más difíciles para juzgar nuestra paciencia: tratar con una persona insoportable. Las azafatas de ese vuelo se merecían un diez. En mi opinión lo más aconsejable no era reaccionar a la provocación, sino tratar a esa persona con mano izquierda y bondad. Las personas difíciles no están acostumbradas a ese trato, dado que por lo general no caen bien ni son toleradas. Pero ¿qué ocurre cuando nos topamos continuamente con alguien que nos saca de quicio? Esas personas acaban asumiendo su papel de incordio. Con nuestra reacción no hacemos sino reforzar involuntariamente su papel. A menudo se trata de personas desgraciadas que, por increíble que parezca, tratan torpe y desesperadamente de ser aceptadas.

La paciencia es también la habilidad de comprender y respetar nuestros ritmos y los de los demás. Todos hemos sido víctimas de la impaciencia: la presión de las fechas tope, el conductor agresivo que aparece de pronto en nuestro retrovisor, encendiendo y apagando sus faros con irritación, el pasajero en el autobús que empuja a todo el mundo para apearse, cuando está claro que todos vamos a apearnos en la misma parada. Todas estas situaciones nos fastidian. Cuando alguien nos impone un ritmo que no es el nuestro, nos sentimos violados.

Todos nos hemos encontrado alguna vez en una de estas situaciones: tenemos que hacer una llamada urgente, pero el hombre que está en la cabina telefónica sigue hablando tranquilamente. En el restaurante esperamos famélicos a que el camarero con cara de uvas agrias se digne acercarse a nuestra mesa. En la oficina de correos una mujer no para de hablar, formulando unas preguntas absurdas y haciéndonos perder el tiempo a todos.

Estoy convencido de que si practicamos la paciencia, llegaremos a comprender los aspectos profundos de las vidas de otros. Comprenderemos sus ritmos y sus debilidades, lo cual nos permitirá conocer íntimamente su naturaleza. Por lo demás, la paciencia es la virtud de todo buen maestro, que sabe aguardar a que el alumno madure lentamente, en lugar de forzarle antes de que esté preparado.

Si nos apresuramos, corremos el riesgo de perdernos. Pero estamos tan acostumbrados a apresurarnos que no reparamos en la pérdida. Un grupo de científicos tenía que realizar un trabajo de investigación en un lugar muy lejano, casi inaccesible. Un grupo de porteadores mexicanos transportaban el equipaje a mano. De pronto los porteadores se detuvieron de golpe, inexplicablemente. Los científicos experimentaron primero perplejidad, luego irritación y por último se enfurecieron. ¿Por qué se habían detenido los porteadores? Estaban perdiendo el tiempo. Los mexicanos parecían estar aguardando. De pronto reanudaron la marcha. Uno de ellos explicó a los científicos lo ocurrido: «Como caminábamos tan rápidamente, dejamos atrás nuestras almas. Nos detuvimos para esperar a que nuestras almas nos alcanzaran».

Nosotros también dejamos con frecuencia atrás nuestra alma. Esclavizados por la urgencia, olvidamos lo que es verdaderamente importante en la vida. Azuzados por el diablo de la prisa, olvidamos nuestra alma, nuestros sueños, nuestro calor, nuestra capacidad de maravillarnos.

Desde este punto de vista está claro que la paciencia forma parte de la bondad. ¿Cómo podemos ser bondadosos si no respetamos el ritmo de los demás? Olvidamos el alma, la de los otros y la nuestra. La próxima vez que inste a su hijo a que se apresure, o se ponga a caminar arriba y abajo mientras espera un tren que se retrasa, u olvide de dejar de lado su prisa, pregúntese dónde ha dejado su alma.

La bondad procede de forma pausada. No cabe duda de que la velocidad tiene sus ventajas. Podemos ser más eficientes y tener la sensación de poder y control. No sólo eso, sino que la velocidad estimula la adrenalina y actúa como una droga. Cuando hemos probado sus efectos, el hecho de reducir la marcha nos parece aburrido, incluso humillante. Si podemos trasladarnos de A a B en avión, ¿por qué vamos a ir en barco como antiguamente? Sin embargo, el sabio budista, Lama Govinda, me dijo en cierta ocasión que prefería viajar en barco, pausadamente. Este viejo sabio me confió que a su esposa y a él los viajes en avión les parecían irreales. El avión nos traslada demasiado bruscamente de un lugar a otro, de una cultura y una atmósfera a otras. Más abajo pasan a toda velocidad ríos, mares, montañas, ciudades, países y pueblos, pero apenas reparamos en esta abundancia. Cuando viajamos pausadamente por tierra y mar, comprendemos y asimilamos con más facilidad el cambio. Lama Govinda me explicó que para trasladarse desde su hogar, al pie del Himalaya, a las colinas de la Toscana, había empleado cinco meses. Durante los últimos años, cuando he viajado en avión sometiéndome a las violentas sacudidas de un potente reactor, o cuando he llegado demasiado rápidamente a un lejano lugar que se me ha antojado extraño, he pensado a menudo en Lama Govinda. No todos podemos seguir su ejemplo, pero nos recuerda otra forma de vivir.

Si queremos actuar con bondad, debemos tomarnos el tiempo suficiente para ser bondadosos. Martin Buber señala la diferencia entre una relación yo-tú y una relación yo-ello. Una relación yo-ello transforma al otro en un objeto, mientras que la relación yo-tú es la relación auténtica, la unión entre dos almas. Las relaciones yo-ello son alienantes y deprimentes, distantes de las otras. El yo-tú constituye el verdadero encuentro, la verdadera sustancia de nuestra vida. Según Buber, para que esta relación sea posible, debemos descartar toda expectativa y deseo, de lo contrario caemos en la relación yo-ello, esto es, transformamos al otro en un medio de satisfacer nuestras exigencias. En los raros momentos de una relación yo-tú, no existe más apremio que la de hacer que ocurra algo, no existe presión alguna para manipular o persuadir. Si se produce el apremio, la relación se convierte de inmediato en una relación yo-ello. Si ralentizamos nuestro ritmo, tenemos más probabilidades de encontrarnos y conocernos mutuamente.

Estoy convencido de que el enfriamiento global va unido a la aceleración del ritmo en todos los sectores de la vida moderna. Estamos sometidos a una gran tensión, no podemos perder siquiera un segundo. Obligamos a los niños a crecer deprisa, y nos enorgullece que sean capaces de completar ahora el curso del año que viene. Los ordenadores son más rápidos y potentes. Las compras son instantáneas: podemos adquirir lo que queremos casi de inmediato. Los empleados tienen que justificar cada minuto de su tiempo. Los coches son más rápidos, y los límites de velocidad aumentan. Para incrementar sus beneficios, los fabricantes sacan continuamente al mercado nuevos productos. No se fomentan actividades de ocio como charlar con amigos, encontrarse en la plaza o en el parque, pasar el rato con otras personas. Todo ello hace que cada vez haya menos espacio para el calor.

Robert Levine, un experto en el ritmo de la vida cotidiana, ha estudiado el tiempo tal como se experimenta en diversas culturas. Levine ha calculado tres variables distintas: el tiempo que lleva comprar un sello en la estafeta, la velocidad a la que caminan los peatones por la calle y la precisión de los relojes en los bancos. Así, ha comprobado que existen culturas que priman la rapidez, en las que la puntualidad y la precisión son recompensadas, mientras que otras son más lentas y menos precisas. La sociedad occidental y Japón son las más veloces; Brasil, Indonesia y México las más lentas. Como es natural, el estudio de Levine no pretende afirmar que una forma de percibir el tiempo sea más adecuada que otra. Las culturas son como son. No obstante, este estudio pone de relieve una desventaja de vivir aceleradamente. En las culturas en las que el ritmo de vida es acelerado, las enfermedades cardiovasculares abundan más (excepto en Japón, donde el apoyo y la cohesión sociales compensan la presión del tiempo). Este hallazgo coincide con numerosos estudios sobre la personalidad del Tipo A. Según estos trabajos, la personalidad Tipo A —impaciente, competitivo e irritable— se expone a los mismos riesgos.

Levine no halló ninguna relación entre el ritmo de vida y la voluntad de ayudar; entraban en juego diversos factores. Pero otro estudio ha demostrado que cuanto más nos apresuramos, menos dispuestos estamos a ayudar. Mi estudio favorito fue realizado con un grupo de estudiantes de teología que después de asistir a una charla sobre la caridad tuvieron que dirigirse, uno por uno, a un edificio cercano. De camino se encontraron con un cómplice de los directores del experimento. Esta persona estaba postrada en el suelo, fingiendo haberse caído y lastimado. La mayoría de los sacerdotes le ayudaron. Pero si se los apremiaba para que se dirigieran apresuradamente de un edificio a otro, el número de buenos samaritanos entre ellos disminuía drásticamente. Uno de los sacerdotes pasó incluso, en su apresuramiento, por encima del desdichado actor que yacía en el suelo pidiendo auxilio y se dirigió directamente a su destino. Somos más amables cuando disponemos de tiempo.

En estos tiempos en que impera un ritmo acelerado y una gratificación inmediata, la paciencia es una cualidad impopular y tediosa. No obstante, muchos estudios han demostrado que quienes son capaces de postergar la gratificación tienen mayores probabilidades de triunfar en sus empresas y relaciones con los demás. Ya hemos abordado este tema en un capítulo anterior, pero conviene retomarlo en este contexto. Los niños capaces de postergar una gratificación inmediata (por ejemplo, un helado) a cambio de otra recompensa posterior más sustanciosa (comer mañana un helado más grande) muestran una mayor inteligencia, menos riesgo de delinquir y mayor competencia en sus relaciones sociales, incluso al cabo de varios años. Asimismo, muestran una capacidad de control más desarrollada —la convicción de que controlan sus vidas, en lugar de sentirse a merced de los acontecimientos, impotentes y sin capacidad de decisión—, lo cual constituye la mejor receta contra la depresión.

La gratificación inmediata es uno de los iconos más populares de nuestra vida social contemporánea. No queremos aguardar, queremos obtenerlo todo enseguida, y cuando no lo logramos, nos volvemos agresivos. En la era de la impaciencia hemos perdido el arte de aguardar. En mi opinión, redescubrir este arte y enseñarlo a nuestros hijos es uno de los mejores regalos que podemos ofrecerles.

Uno de los mejores medios de conseguirlo es la meditación, que podemos considerar una técnica para aprender a disminuir nuestro ritmo y abrir nuestra mente a distintas percepciones del tiempo. Es un medio para combatir la impaciencia y la prisa. La tradición budista tibetana nos enseña un ejercicio consistente en llenar con agua quinientas botellitas, una tras otra, pacientemente, sin apresurarse. En estos momentos yo estoy llenando esta botellita, sin pensar que me quedan 499 por llenar. En unos tiempos presididos por la impaciencia, en que nuestra atención es cada vez más volátil, todos deberíamos practicar este útil ejercicio y enseñarlo en las escuelas.

La paciencia no es tan enojosa y aburrida como creemos. Es una percepción distinta del tiempo. El tiempo devora nuestra vida inexorablemente y la despoja de todo significado. El tiempo es nuestro cuerpo que envejece y pierde su poder; es la muerte que gravita sobre nosotros e interrumpe nuestra vida, transforma nuestra labor en polvo y nos sumerge para siempre en el olvido. Tratamos de no pensar en ella, esforzándonos en hacer todo lo que podamos en el menor tiempo posible antes de ser engullidos por las tinieblas perennes. ¡Qué broma tan cruel! En esta perspectiva, la persona frente a nosotros en la cola, que se entretiene charlando con el empleado sobre nimiedades mientras nuestra bomba de relojería sigue marcando el tiempo, no puede sino despertar nuestros instintos asesinos.

Pero ¿y si contempláramos nuestra situación desde otro prisma? Quizá comprobaríamos que el tiempo es una construcción mental. Que no tenemos necesidad de temer ni apresurarnos, porque nada huye de nosotros. Posiblemente nuestro estado de ánimo sería más sosegado y contemplaríamos a los ladrones de nuestro tiempo, grandes y pequeños, con ojos más benevolentes.

La idea de que el tiempo es una ilusión ha sido expresada de distintas formas en todas las tradiciones espirituales. Quizá no sea el monopolio de los iluminados, sino una experiencia más común de lo que pensamos. Todos hemos vislumbrado en cierto modo la eternidad. Al contemplar las estrellas por la noche, o absortos en una música sublime, o en compañía de la persona amada, olvidamos el paso del tiempo.

Un mito indio se refiere a un hombre que pide a Krishna que le muestre su *maya*, su ilusión. El hombre no recibe respuesta a su petición, pero a partir de ese momento su vida, que hasta entonces había sido plácida y monótona, se vuelve más animada y llena de altibajos. Conoce a una mujer de la que se enamora, se casa con ella y funda un hogar, trabaja y se hace rico. Su negocio prospera durante un tiempo, después de lo cual se arruina, luego se produce una terrible inundación, y cuando esta catástrofe está a punto a arrebatarle la vida, el hombre despierta como si hubiera estado soñando y ve al divino Krishna frente a él sonriendo: ha pasado sólo un instante. Esa vida llena de sueños y pesadillas no ha durado más que un momento. El discurrir del tiempo es una ilusión mágica. El sabio Ramana Maharshi debió de imaginar algo semejante cuando, en su lecho de muerte, escuchó asombrado el dolor de sus discípulos y exclamó: «Pero ¿adónde imaginan que me dirijo?» Cuando uno habita en el ahora eterno, no tiene que apresurarse para llegar a otro lugar.

Quizá parezca que tiene poco que ver con la paciencia. Pero la paciencia es precisamente la capacidad de afrontar sin temor el discurrir constante del tiempo, de percibir, en la monotonía de la vida cotidiana, unos sorprendentes destellos de intemporalidad. Si profundizamos más, comprobamos que nuestra prisa tiene que ver con nuestro temor a la muerte. Si conseguimos librarnos de la necesidad de llegar siempre los primeros, de hacer más, de ganar más dinero, las otras personas dejarán de parecernos unos obstáculos que se interponen en nuestra alocada carrera. Nos sentiremos mejor dispuestos hacia ellas. Y las trataremos como seres humanos, sabiendo que disponemos de todo el tiempo en el mundo.

aquí se puede apreciar la relación entre la oración y la paciencia — como otra forma de percibir el tiempo puede aumentar nuestro conocimiento de Dios y su llamado por medio de un mayor uso de los 5 sentidos

Generosidad

Redefinir los límites

Una tarde de otoño me sorprendió una fuerte tormenta. Por suerte iba en coche. De camino a casa vi a una joven atrapada bajo la lluvia torrencial, haciendo autostop. Me detuve para que subiera al coche. Cuando le pregunté adónde se dirigía, resultó que estaba lejos de donde yo vivía, pero no podía dejarla con aquella lluvia, de modo que la llevé a su casa, sintiéndome satisfecho de mi generosidad. Pero cuando giré la llave en el contacto para arrancar de nuevo, no conseguí poner el coche en marcha. La lluvia había estropeado el motor de arranque. Entonces fui yo quien, tras dejar el coche donde lo había aparcado, tuve que regresar a casa bajo la lluvia. Al día siguiente fui a recoger el coche. Al regresar al lugar donde lo había dejado, observé que bloqueaba la carretera. Alguien debió de enfurecerse conmigo, porque había pinchado uno de mis neumáticos. Perdí mucho tiempo con las reparaciones, porque el mecánico, como de costumbre, estaba muy atareado. Para colmo, comprobé que durante ese tiempo alguien me había llamado para ofrecerme un trabajo importante. Pero como no estaba en casa para atender la llamada, perdí esa oportunidad.

Este tipo de pesadillas cotidianas plantean una sospecha: que por mostrarnos generosos, acabamos pagando por ello.

Si me ofrezco a ayudar a alguien, quizá salga perjudicado. Quizá pierda una oportunidad y luego piense: debí ser más egoísta. ¿Qué más da que esa joven quede empapada por la lluvia? Al menos yo no habré perdido toda la mañana, tiempo, dinero y una interesante oferta de trabajo.

Pero no se trata de eso. El auténtico beneficio de la generosidad, para quien la ofrece, no es una ventaja material, sino una revolución interior. Nos volvemos más fluidos, más dispuestos a arriesgarnos. Concedemos menos importancia a los bienes materiales y más a las personas. Y los límites entre nosotros y los demás son menos radicales, de forma que nos sentimos parte de un todo en el que es posible compartir recursos, nuestras emociones y nuestro propio ser.

Por supuesto, ser generoso es arriesgado. Uno cruza una línea en la que no hay vuelta atrás. Recuerdo cuando mi ahijado, Jason, de cuatro años, me regaló uno de sus cochecitos de juguete favoritos. Aunque yo sabía lo encariñado que estaba con ese coche, lo acepté y me lo guardé en el bolsillo. En esos momentos no ocurrió nada, pero poco después Jason se dio cuenta de que cuando regalas algo a una persona te desprendes para siempre de ese objeto. No volvería a ver su coche de juguete. Experimentó unos instantes de pánico: quería recuperarlo. Era el temor a perder algo muy valioso para él, sin el cual la vida ya no sería igual. Como es natural, yo estaba dispuesto a devolverle el coche de juguete. Pero cuando pasó ese instante de pánico, Jason decidió que me quedara con él. Había aprendido que dar constituye un compromiso irreversible. Cuando uno se lanza al vacío, no hay vuelta atrás.

El peso de lo que damos varía mucho. Podemos contribuir con un poco de nuestro tiempo, hacer una pequeña donación, regalar un libro que ya hemos leído. O podemos donar nuestra sangre o nuestra médula, o realizar un gran esfuerzo, o dar buena parte de nuestros ahorros. Sea cual sea el regalo, existe un requisito indispensable: en el momento de hacerlo debemos ofrecer todo nuestro ser. Porque la generosidad a regañadientes, fría o indiferente, es una contradicción. Cuando uno es generoso se entrega por completo.

La generosidad toca lo más recóndito de nuestro ser. Cuando afrontamos nuestro sentido de la propiedad, nos volvemos quisquillosos. Una ansiedad arcaica invade nuestro inconsciente, generada por siglos de escasez, precariedad, pobreza o hambre. Nos aferramos celosamente a nuestros bienes, nos aterra perderlos. ¿Por qué nos resulta tan difícil dar lo que es más importante o más útil para nosotros? No se debe sólo a que sabemos que lo echaremos en falta, sino a que tememos una pérdida irreversible. Perdemos una parte de nosotros mismos. Es como si muriésemos.

Ser generoso significa derrotar estos viejos temores. Y significa también redefinir nuestros límites. Para la persona generosa, los límites son permeables. Lo que es tuyo —tu sufrimiento, tus problemas— también es mío: esto es compasión. Lo que es mío —mis bienes, mi cuerpo, mis conocimientos y facultades, mi tiempo y mis recursos, mi energía— también es tuyo: esto es generosidad.

Cuando logramos derrotar a esas fuerzas inconscientes y atávicas, cuando redefinimos nuestros límites, se produce en nosotros una profunda transformación. No podemos negarlo: incluso la persona más tranquila y alegre del mundo sigue en su fuero interno apegada a sus pertenencias. Estos músculos emocionales están tensos, nos aferramos a lo que es nuestro, o lo que consideramos nuestro: una persona, una posición social, un objeto, nuestra seguridad. Este afán de aferrarnos a nuestros bienes encierra temor y egoísmo. Somos como los niños en una parábola budista, que construyen unos castillos de arena en la playa. Cada uno tiene su castillo. Cada uno posee su territorio. Y se sienten importantes: «¡Es mío!» «¡Es mío!» Incluso se enzarzan en peleas, se declaran la guerra. Cuando anochece, los niños regresan a su casa, se olvidan de sus castillos de arena y se acuestan. Entretanto, la marea alta destruye sus creaciones. Nuestros bienes más preciados son como los castillos de arena. ¿No es un absurdo que nos tomemos tan seriamente? La generosidad hace que dejemos de aferrarnos a nuestras pertenencias, nos permite desprendernos de ellas.

No siempre fuimos tan posesivos. Los antropólogos nos dicen que la institución de la propiedad tal como la conocemos no es igual en todas las culturas. Durante el Paleolítico era muy distinta. Las sociedades nómadas que aún viven como lo hacíamos nosotros, cazando y recolectando, están organizadas de una forma muy diferente a la nuestra. Poseen mucho menos, producen mucho menos y comparten mucho más. Me pregunto cómo apareceríamos ante esas sociedades: como una caricatura, aferrándonos a todos nuestros bienes, empeñados en defenderlos, contarlos, ambicionando poseer más y envidiando los de los otros.

Es una paradoja. Cubiertos con pieles de animales, pasando frío, sobreviviendo en circunstancias precarias, expuestos a los depredadores, congregados en pequeños grupos, los seres humanos somos más generosos. En el supermercado, sumidos en un estado levemente hipnótico, la temperatura regulada de forma óptima, con nuestra cuenta bancaria asegurada y nuestro estómago lleno, anónimos y rodeados por miles de estímulos que dicen «¡tócame!», «¡cómprame!», somos menos generosos.

Consideramos la generosidad un impulso del corazón. Nada es más noble y hermoso que dar espontáneamente. Pero en un gesto de generosidad, la inteligencia tiene también un papel importante. A veces al dar lastimamos o perjudicamos a otro. Dar una cerveza a un alcohólico o una moto a una persona temeraria puede ser una decisión mortal.

Un regalo puede comportar también una ideología, o unas pautas, o un juicio de valor. Regalar un libro de oraciones a un ateo, una inscripción en un gimnasio a una persona obesa o un desodorante a alguien que huele mal no son ejemplos de generosidad. Son juicios de valor o presiones que pasan por ser unos regalos. El dador puede alegar que sólo desea el bienestar, o la seguridad, o mejorar el aspecto del destinatario. La motivación puede ser sincera, pero la operación se lleva a cabo dentro del sistema de valores del dador. ¿Cómo acepta el destinatario el regalo? Probablemente con una sensación de turbación. Y encima de tener que soportar la presión, tiene que darle las gracias al dador. Aquí ni hay libertad, ni corazón. Sólo afán de controlar.

Un regalo puede avergonzar al que lo recibe en otro sentido. Puede ser una exhibición de superioridad y grandeza moral: «¡Para que veas lo generoso que soy!» El regalo puede ocultar la sutil intención de crear dependencia o una deuda. «Yo te hago este regalo para poder pedirte un favor.» O bien puede estar hecho con el corazón pero no con la cabeza. Existe la voluntad de hacer un regalo, pero se trata de algo engorroso e inservible. ¿Qué siente alguien que vive en un pequeño apartamento cuando le regalan un perro enorme? ¿O un aficionado al rock que recibe de regalo una sinfonía de Beethoven? Muchos regalos son inoportunos e impertinentes.

Todos poseemos algo que interesa a los demás, o bien algo de vital importancia: dinero, tiempo, recursos necesarios como agua o comida, la capacidad de dar cariño y atención, lo que sea. ¿Deseamos compartirlos o no? Nuestra vida está configurada de forma que deseamos lo que poseen otros y poseemos lo que otros desean, como en un juego de naipes, en que cada jugador tiene las cartas que los otros necesitan.

La auténtica generosidad se basa en un conocimiento atento y respetuoso. Proporciona a las personas lo que necesitan para seguir adelante. Que puede ser simple y llanamente sobrevivir. O aprender. O desarrollar una afición. O curarse. O encontrar trabajo. O expresar unas dotes. Es un acto de dar que no está dictado por un sentimiento de culpa, una deuda, el deseo de crear dependencia o demostrar nuestra superioridad. Es un regalo gratuito, que a su vez genera libertad. Es la bondad en estado puro.

Uno puede ser generoso no sólo con bienes materiales, sino con cualidades espirituales. Ante todo, puede ser generoso consigo mismo. Es una forma más sutil de generosidad. Todos poseemos unos recursos de los que a veces ni siquiera somos conscientes. Tenemos ideas, imágenes, experiencias y recuerdos. En ocasiones nos apresuramos a inmiscuirnos en los asuntos de los demás: damos consejos y proclamamos nuestras ideas. Pero otras veces no mostramos lo que nos alegra y complace. Guardamos para nosotros esas experiencias, y comunicamos sólo lo fácil. Pero es compartiendo nuestra vida interior, o la parte más rica y fértil de nosotros mismos, como hacemos que nuestras relaciones se enriquezcan y sean más placenteras. Nuestras relaciones se definen por lo poco o mucho que comunicamos de nosotros mismos.

Hace tiempo me hicieron una entrevista en la radio australiana. He conocido a entrevistadores que realizan su trabajo de forma apresurada y distraída, que formulan preguntas que no vienen a cuento o conducen la conversación por determinados derroteros con el fin de exhibir sus aptitudes. Esta entrevistadora no era así. Iba al meollo del asunto. Por sus preguntas comprendí que estaba bien documentada sobre mi trabajo y mis libros. Poco a poco fue profundizando en el tema, haciéndome unas preguntas cada vez más íntimas sobre mi vida interior, mis inspiraciones, lo que era más importante para mí. Fue una entrevista muy satisfactoria porque sentí que había dado lo mejor de mí mismo. Cuando concluyó me sentí extraordinariamente bien, como después de una meditación o una sesión psicoterapéutica provechosa.

Al cabo de unas semanas emitieron la entrevista a través de la radio. Casualmente unos amigos míos conducían por la carretera en esos momentos, con la radio encendida. Y de pronto escucharon mi voz por la radio, hablando sobre temas íntimos y vibrando de emoción. Mis amigos se quedaron atónitos, no tanto por la coincidencia de oír mi voz mientras circulaban por la carretera, sino por la forma tan distinta en que expresaba mis emociones. Sólo lo hago cuando alguien me conmina a hacerlo, y en esos casos procuro ser sincero. Nunca he sido un gran conversador. En esta ocasión mis amigos me escucharon como si no me conocieran, pero lo que oyeron les complació. «¿Por qué no nos habías mostrado esa faceta tuya?», me preguntaron.

Sí, ¿por qué? Porque yo no sabía que fuera tan interesante. Por pereza y falsa modestia tiendo a ser avaro conmigo mismo. Ignoraba que poseía, como todo el mundo, unos recursos tan preciados. Todo cuanto es valioso para nosotros, todo cuanto nos conmueve, es importante y bello, no sólo para nosotros, sino para otras personas. Por inteligentes o ignorantes que seamos. Se debe a que ninguna vida es banal, a que todos somos interesantes, y aunque no nos percatemos de ello, todos tenemos una historia que relatar. La generosidad parte de esa facultad: saber que tenemos historias, emociones, ideas, sueños, que no sólo son interesantes para nosotros, sino que enriquecen e inspiran a muchas otras personas.

También podemos ser generosos con nuestro poder mental, ofrecer nuestro pensamiento y nuestra atención. Cuando escribí mi primer libro, di por sentado que algunas personas prestigiosas hallarían tiempo para leerlo y escribirme ofreciéndome sus opiniones para que las citara en la portada. Cuando me hice algo más conocido y los editores me pidieron que siguiera escribiendo libros, comprendí que este trabajo requería tiempo y energía mental, dos recursos de los que nunca andamos sobrados. Entonces recordé los favores que me habían hecho, que antes había considerado mera cortesía, pero entonces lo tomé como un acto de generosidad. Nuestra mente puede desarrollar todo tipo de tareas: ofrecer una opinión solvente, examinar, analizar, corregir un error, suministrar datos pocos conocidos pero valiosos, aportar una idea brillante. ¿Somos lo suficientemente generosos para molestarnos en hacerlo?

También podemos ofrecer posibilidades. Imagine que usted se encarga de contratar a empleados para su empresa. Uno de los candidatos tiene un pasado poco claro, quizás acaba de salir de la cárcel. Desea comenzar una nueva vida, pero ¿quién sabe si no volverá a caer en el robo y el fraude? ¿Está usted dispuesto a darle una oportunidad? Esto también es generosidad: usted ofrece a alguien, por su cuenta y riesgo, la posibilidad de redimirse. Aunque no tratemos con ex presidiarios, a menudo juzgamos a las personas basándonos en su conducta anterior. O bien estamos dispuestos mentalmente a darles la oportunidad de demostrar que esta vez será distinto. Esto es generosidad de espíritu.

Podemos ser generosos con nuestro trabajo. Podemos limitarnos a hacer lo que nos corresponde, nada más, como un estudiante que se contenta con un aprobado y no se esfuerza en obtener una mejor calificación. O podemos dar más. En cierta ocasión me llamó la atención una cajera en un supermercado, que abrió la caja de huevos para comprobar si alguno estaba roto. Nadie le había pedido que lo hiciera. El mecánico que le ayuda a reparar el coche en su día libre, el tendero que le indica dónde puede encontrar el artículo que a él ya no le queda, la maestra que se molesta en darle consejos útiles aunque no está obligada a hacerlo, el médico que no sólo le receta unas medicinas, sino que se afana en explicarle con detalle el problema que usted padece. Esas personas dan más de lo que están obligadas a dar. Son generosas.

Casi parece ofensivo hablar sobre los beneficios de la generosidad. La generosidad es, por definición, desinteresada. ¿Por qué vamos a hablar de ganancias, cuando ser generoso es en sí mismo un fin perfecto? Para comprender mejor este tema conviene saber que la generosidad está unida a la autoestima. Las personas que poseen una elevada autoestima tienden a ser generosas, y a la inversa, el hecho de ser generosas aumenta su autoestima. Por ejemplo, en un estudio de unas personas que se habían ofrecido voluntariamente para un arriesgado experimento biomédico, quedó demostrado que la autoestima de los sujetos aumentó y continuó siendo elevada durante veinte años. En un grupo de 52 donantes de médula ósea, los entrevistadores comprobaron a través de unas entrevistas por teléfono que los donantes, debido al acto de donar su médula ósea, creían expresar un rasgo central de su identidad y, por consiguiente, que su autoestima había aumentado.

Sabemos, asimismo, que las personas felices tienden a ser más generosas. Cuando nos sentimos satisfechos solemos ser más amables con los demás. Por ejemplo, un célebre experimento demostró que los participantes que encontraban por azar dinero en una cabina telefónica se mostraban más dispuestos a ayudar a una persona a recoger unos papeles que había dejado caer. Una persona que halla gratificación suele sentirse más generosa y ayudar a otros que tienen problemas. Pero, a la inversa, si uno es generoso suele sentirse más feliz. La generosidad nos anima. Como dijo la Madre Teresa de Calcuta a alguien que se refirió al clima alegre y feliz que reinaba entre sus colaboradores: «Nada nos complace más que ayudar a alguien que está enfermo».

Quizá comprendamos mejor en qué consiste la generosidad examinando unos ejemplos de falsa generosidad. Piense en los regalos prometidos a los clientes con motivo de unas promociones comerciales: «¡Reúna los puntos y conseguirá un magnífico bol GRATIS!» Todo el mundo se afana en reunir unos pequeños vales y pegarlos en la tarjeta correspondiente, esperando el día en que obtendrá su bol gratuito. Lo importante es conseguir algo por nada. Como si no tuvieran nada mejor que hacer, esperan pacientemente, fervientemente, reuniendo sus puntos hasta que llegue el gran día. En este caso creo que el valor no reside en el regalo en sí, sino en el hecho de recibirlo de forma gratuita. Es una generosidad totalmente ficticia. Todos sabemos que se trata de una ingeniosa táctica comercial para captar nuestra atención. Pero ese fantasma, esa remota semblanza de generosidad, nos fascina y atrae.

Qué triste: existe tan poca generosidad a nuestro alrededor que la perspectiva de recibir un poco, aunque no sea auténtica, nos cautiva.

Qué maravilla: esta cualidad está cerca de nosotros, forma parte de nuestra fisiología y nuestro patrimonio. La generosidad es una cualidad que todos poseemos en potencia, valiosa y al alcance de nuestra mano.

Cuando ocurrió el terrible ataque terrorista contra las Torres Gemelas, todo el mundo se enteró al cabo de unos minutos. Pero algunas personas lo averiguaron mucho más tarde. Una tribu del sur de Kenia, en una zona alejada de la tecnología del mundo occidental, se enteró de lo ocurrido al cabo de siete u ocho meses. No sé qué imaginaron que había sucedido esas gentes, que no están familiarizadas con nuestro mundo, ni qué entendieron sobre la catástrofe de Nueva York. Pero comprendieron que se había producido una tragedia. Ataviadas con sus ropas multicolores, celebraron una reunión solemne y decidieron que querían enviar su bien más preciado —dieciséis vacas— a los habitantes de Nueva York para ayudarles a superar el trance. Estas personas, que conocían el tormento del hambre, estaban dispuestas a renunciar a su comida para mostrar su solidaridad con otros seres humanos a los que ni siquiera conocían.

La generosidad consiste justamente en esto: dar lo que es más preciado para nosotros. Es un acto que nos transforma. Luego seremos más pobres, pero nos sentiremos más ricos. Quizá nos sintamos menos arropados y seguros, pero sin duda más libres. Habremos convertido el mundo en el que vivimos en un mundo más amable.

Respeto

Mira y escucha

Todos sabemos qué sentimos cuando nos infravaloran. Nos sentimos tratados como si fuéramos otra persona, una versión pobre, irreconocible de nosotros mismos. Nuestras cualidades no son tenidas en cuenta, se nos achacan defectos que no tenemos. Es una experiencia ingrata, que nos produce inseguridad y resentimiento. Ocurre con gran frecuencia, simplemente porque la gente es perezosa. ¿Quién va a molestarse en tratar de conocernos más a fondo? Muy pocos. Representa un esfuerzo excesivo. Es más fácil catalogarnos y tratarnos como una taquigrafía mental. Lo imprevisible y novedoso es pasado por alto, porque requiere un esfuerzo percibirlo.

Lo peor es cuando ni siquiera nos ven, cuando nos tratan como si fuéramos invisibles. La vida continúa sin nosotros, la gente conversa entre sí, prosigue con sus quehaceres habituales, bromea, ríe, come, sueña, resuelve crucigramas, como si no existiéramos. En una tienda o una oficina, es normal. En casa o con amigos, es preocupante. Si se produce continuamente, es trágico.

Pensemos en la situación inversa, sin duda más rara. Alguien se molesta en conocernos a fondo y tratarnos como somos. Esa persona reconoce que somos reales y únicos. Ya no somos invisibles, ni nos sentimos como un icono o un estereotipo, sino como un objeto de interés y apreciación. Sentimos que valemos no sólo porque respondemos a una demanda, sino debido a quiénes somos. No estamos atrapados por la falsa idea que alguien tiene sobre nosotros, sino que nos aceptan por lo que somos y lo que podemos llegar a ser. ¡Qué alivio! Alguien ha reparado en nosotros. Alguien ha reconocido nuestro valor. Alguien ha visto que existimos.

Eso es respeto, que proviene de la voz latina *respicere*, «ver». El respeto, como la paciencia, puede parecer una virtud trasnochada y obsoleta. Pero si nos detenemos unos instantes a reflexionar sobre ella, comprobaremos que encierra un sinfín de posibilidades. La forma en que miramos a los demás nunca es neutral, puesto que transformamos lo que vemos. No somos como esas cámaras de vídeo en los bancos y lugares públicos que lo plasman todo de forma objetiva y anónima. Al ver, damos vida. Nuestra atención aporta energía, mientras que nuestra falta de atención la arrebata. Los antropólogos se refieren al «trato silencioso», una forma de marginar mediante la cual la víctima es tratada como si no existiera. Nadie la escucha, nadie la ve, nadie reconoce que está presente. Es un castigo terrible, aunque nadie le pone la mano encima a la víctima, ni coarta su libertad. Es una pena de muerte. En nuestra sociedad el trato silencioso nunca es tan drástico. No es practicado intencionadamente por toda la comunidad o un individuo. Pero hasta una mínima dosis puede tener unos efectos desastrosos: la destrucción de la autoestima, inseguridad, depresión.

Para ver, para ver realmente, se requiere tan sólo un instante. Pienso en el ayudante de los profesores en la escuela de mi hijo, que cada mañana recibe a los niños a la puerta llamándolos por su nombre: «*Ciao*, Jonathan. *Ciao*, Cosimo. *Ciao*, Sofia. *Ciao*, Irene». No se olvida de ninguno. Y pienso, por el contrario, lo que puede sentir un niño que, al llegar a un lugar, nadie repara en él. El niño se siente como un rostro anónimo entre la multitud. Siente que no cuenta, que no es nada. Pero qué diferencia si alguien le llama por su nombre, en aquel momento, en cuanto el niño aparece. Es como decir: aquí, en este lugar, cuentas. Eres alguien. Las gentes de Natal-Kwazulu en Sudáfrica se saludan llamándose por sus respectivos nombres, deseándose buenos días, pero diciendo «*Sawu Bona*», que significa «hete aquí», a lo que el otro responde «*Sikhona*», «aquí estoy».

Yo me siento respetado si me toman por quien soy. Pero ¿quién soy en realidad? ¿Soy lo que otros ven en mí todos los días? Ése es un aspecto limitado de mi persona. Es mi fachada. Si soy sincero y transparente, verán muchos aspectos de mi personalidad, pero no todos. Así pues, ¿quién soy? ¿Soy lo que no revelo de mí, mi mundo secreto, con mis sueños, mi faceta más vulnerable, que rara vez o nunca muestro a los demás, las fantasías que no puedo confesar? Nos estamos aproximando, pero aún no hemos llegado al meollo del asunto. ¿Soy mi inconsciente, mi sombra, todo aquello que incluso yo desconozco sobre mí? Quizá, pero no es suficiente. ¿Quién querría que los demás conocieran incluso sus facetas ocultas? Veamos: soy como quisiera que los demás me apreciaran y recordaran, soy lo mejor de mí mismo, mi cualidad de único, amable, fuerte. Es posible que esos rasgos afloren rara vez. Quizá no afloran nunca, pero podrían manifestarse. Sin duda soy la realidad de mi vida cotidiana y mis sentimientos: la ira, los deseos, la esperanza, el dolor. Ésos son mis aspectos más básicos y concretos. Pero también soy, quizás ante todo, lo que podría llegar a ser y que aún no he sido, o sólo he sido en mis mejores momentos.

Si los demás ignoran esa parte de mí, me siento dolido. Tom Yeomans se refiere a la «herida del alma», lo que sentimos cuando de niños no ven como somos, un alma llena de un potencial maravilloso para amar, para ser inteligente y creativo, pero que los otros perciben como un niño difícil, terco, o como un hermoso objeto, o como un problema, o que ni siquiera ven. Si los otros no ven nuestro auténtico ser, nos sentimos heridos, y esa herida nos acompañará durante la madurez. Para que nos acepten, cortaremos nuestros vínculos con nuestra auténtica alma, con todo lo que nos importa. Sobreviviremos, pero no viviremos.

Mirar es una acción subjetiva y creativa. Es subjetiva porque varía según cómo nos sintamos y lo que pensemos en ese momento, y según nuestras pasadas experiencias y esperanzas futuras. Y es creativa porque, en lugar de dejar a las personas como son, las conmueve y transforma.

Una fábula de Oriente Próximo se refiere a un hombre que se siente oprimido por su familia. Su esposa lo domina y atormenta. Sus hijos se burlan de él. El hombre se considera una víctima y decide que ha llegado el momento de marcharse y buscar el paraíso. Después de buscarlo infructuosamente, se encuentra con un viejo sabio que le indica con detalle cómo llegar al paraíso: «Tienes que caminar durante un largo trecho, pero al fin alcanzarás tu destino». El hombre parte. Camina durante todo el día y por la noche, agotado, se detiene en una posada para descansar. Como es un hombre preciso y metódico, decide, antes de acostarse, colocar los zapatos apuntando al cielo, para no extraviar el camino a la mañana siguiente. Pero durante la noche, mientras duerme, un diablo travieso entra en su alcoba y coloca sus zapatos al revés.

A la mañana siguiente el hombre se despierta y reanuda su camino, esta vez en dirección opuesta al día anterior, es decir, hacia su punto de partida. Mientras camina, el paisaje se le antoja muy familiar. Llega a la ciudad en la que ha vivido siempre, pero la toma por el paraíso. «¡Cómo se parece el paraíso a mi ciudad natal!» Pero como es el paraíso, el hombre se siente muy a gusto allí y todo le parece perfecto. Ve su vieja casa, que cree es el paraíso: «¡Hay que ver lo que se parece a mi vieja casa!» Pero como es el paraíso, le parece muy acogedora. Su esposa y sus hijos le reciben. «¡Hay que ver cómo se parecen a mi esposa y mis hijos! Aquí en el paraíso todo se parece a lo que yo conocía.» Pero como es el paraíso, todo le parece de perlas. Su esposa es una persona encantadora, sus hijos extraordinarios, llenos de cualidades que el hombre, en su vida cotidiana, jamás había sospechado que tuvieran. «Es curioso cómo en el paraíso todo me recuerda a mi vida anterior, aunque todo es distinto.»

Nosotros podemos realizar el mismo ejercicio con la imaginación. Elegimos a una persona que conocemos bien y pensamos en todas sus cualidades, no sólo las que nos resultan más evidentes, sino las puede poseer o creemos vislumbrar. Quizá podamos intuir el alma de esa persona, su esencia profunda y maravillosa. Ver su alma es ver la auténtica sustancia de esa persona, en lugar de detenernos en los aspectos superficiales. Esto es *respicere*, ver realmente.

A veces esas transformaciones se producen por error. Un día en que me disponía a dirigir un cursillo, alguien me señaló al señor X (un hombre con una barba blanca) y dijo:

—No imaginas lo divertido que es. Tiene un sentido del humor brillante.

Yo miré a ese hombre, cuyo aspecto me pareció el de un elfo bondadoso que se dedica a sembrar la alegría. Pero antes de comenzar el coloquio, le saludé, añadiendo:

—He oído decir que tiene usted una gran habilidad para hacer reír a la gente.

El hombrecillo, menudo, tímido, me miró sorprendido, como si nadie le hubiera dicho eso jamás. Durante el coloquio observé que parecía satisfecho, que sonreía a menudo. Yo esperaba que dijera algo divertido, y al poco rato comen-

zó a soltar un chiste tras otro, a cual más ingenioso. Al término de la mañana, dije a la persona que me había informado
de que ese hombre poseía un gran sentido del humor:

—Tenías razón, el señor X es muy divertido.

A lo que el otro respondió:

—Un momento. Creo que te equivocas. Yo me refería a
ese hombre que está ahí —dijo indicando al señor Y, un hombre alto y delgado con cara de pocos amigos, que no había
despegado los labios en todo el rato.

Al llamar al señor X un gran humorista, atribuyéndole
un título que no le correspondía, yo le había dado involuntariamente permiso para expresar una faceta suya que la gente
no solía percibir en él e ignoraba. Por error, yo había visto en
él una cualidad oculta y la había activado. De haber tratado
de ver en ese hombre la facultad de volar o hablar la antigua
lengua persa, éste no se habría echado a volar ni habría hablado en la antigua lengua persa. Pero yo vi en él una posibilidad, y en virtud de haberla visto, ésta se había convertido en
una realidad.

Quizá parezca extraño que al modificar un pensamiento
en mi mente pudiera cambiar un rasgo en otra persona. Pero
sólo es extraño si subestimamos la importancia de nuestra
mente, si olvidamos las numerosas formas en que interactua-
mos continuamente. Diversos estudios han demostrado el fenómeno Pigmalión: si cambio mi percepción sobre ti, tú cam-
biarás. Los estudiantes que el profesor considera los más
inteligentes se convierten en los más inteligentes. Los empleados que sus jefes consideran los más competentes y eficientes
se convierten en los más competentes y eficientes. Nuestra
percepción es como un rayo de sol que incide sobre una plan-
ta: la hace más visible, la alimenta, estimula su crecimiento.
Piense en las numerosas facultades y cualidades que posee la
gente y que aún no se han manifestado porque nadie las ve.

Por el contrario, cuando esos recursos son reconocidos, pueden manifestarse. Esto es respeto. Y está claro que sin ese respeto, la bondad es ciega, superficial e indiferente, que ignora el valor de una persona y por tanto la humilla. No es una bondad sustanciosa.

Esta atención minuciosa y perspicaz no sólo puede cambiar al destinatario, sino al dador. La creatividad funciona en un sentido bilateral. Si aprendemos a mirar a quienes nos rodean de forma más atenta y perspicaz, y ver sus cualidades más importantes (quizá ocultas por unos aspectos más llamativos y superficiales), nosotros también seremos diferentes. ¿Por qué? Porque estamos configurados por nuestra percepción. Lo que vemos o creemos ver día a día constituye lo que somos e influye en toda nuestra vida. Si nuestra visión es pobre y cínica, si todo lo que vemos nos parece vacío, acabaremos siendo unos cascarones vacíos. Si consideramos a las personas interesantes y especiales, nuestro mundo se torna estimulante y abierto.

De paso nos sentiremos más relajados. En un experimento destinado a explorar la influencia de las emociones en el sistema nervioso autónomo, los investigadores comprobaron que la ira y la apreciación producían unos efectos contrarios (lo cual parece lógico). Pidieron a un grupo de participantes que trataran de experimentar ira y a otro grupo que trataran de evocar una apreciación hacia otras personas. En el primer grupo se produjo un aumento en la frecuencia cardíaca y la tensión arterial. En el segundo grupo se produjeron unos resultados opuestos, además de una mayor actividad parasimpática (que se considera protectora) y una mayor coherencia en los patrones electromagnéticos del corazón.

El hecho de apreciar a los demás hace que nos sintamos mejor. Una antigua fábula china cuenta cómo un monasterio comienza a declinar. El fervor religioso decae. Los ancianos mueren uno tras otro, y no son sustituidos por miembros más jóvenes. Impera la decadencia y, a veces, un ambiente de desesperación. Un día un rabino pasa frente al monasterio. Después de pasar un rato charlando con los monjes, dice:

—Lamentablemente no puedo daros ningún consejo. Pero recordad que el Mesías está entre vosotros.

Tras estas palabras el rabino se marcha. Los monjes se quedan perplejos. A medida que pasan los días las palabras del rabino siguen resonando en sus mentes. Los monjes se miran entre sí pensando: «¿Quién será ese Mesías que está entre nosotros? Quizá sea ese monje parlanchín y bonachón, o ese perezoso que nunca quiere hacer nada, o ese reservado y taciturno, o ese que lo sabe todo y siempre quiere tener la razón...» Poco a poco comienzan a ver los defectos como cualidades: quizás el silencio oculta unos conocimientos profundos, o parlotear sea un sistema de alegrar a los demás, o la pereza no sea sino serenidad. «Uno de nosotros es el Mesías.» De modo que se tratan con gran respeto, con la extraordinaria bondad que merece el Mesías, ese ser divino que se manifiesta de una guisa común y corriente cada día. «Uno de nosotros es enviado por Dios, y le debemos un respeto infinito.» Lentamente el respeto que sienten los monjes (por si uno de ellos es el Mesías) transforma sus relaciones, y por ende la atmósfera del monasterio. Los monjes se perciben unos a otros de forma distinta, más libres y joviales. Comienzan a acudir visitantes del mundo exterior, y luego novicios. Se inicia una maravillosa renovación espiritual, en la que renacen la alegría y la capacidad de maravillarse. Esas gentes han aprendido a verse de modo distinto y su vida ha cambiado.

El respeto no consiste sólo en ver, sino en escuchar. El respeto no existe sin unos oídos que escuchen con atención. Lo cual no es empresa fácil, especialmente en este mundo ruidoso. Jamás habíamos sido tan asediados por sonidos que nos distraen y perturban: el tráfico, las máquinas, la absurda música que nos obligan a oír en restaurantes y centros comerciales, los aviones que vuelan sobre nuestras cabezas o el metro que circula bajo nuestros pies, el televisor del vecino, el concierto de rock local. Todos estamos sometidos a la contaminación del ruido, un ruido que no pedimos escuchar. Esos sonidos penetran en nosotros, vibran en nuestro interior y, poco a poco, nos causan un daño invisible.

Quizá hagamos mucho ruido porque no queremos escuchar. Sólo podemos escuchar con atención cuando hay silencio. Yo sólo le oigo a usted cuando no se entromete ningún ruido ajeno, y sobre todo cuando he silenciado las voces interiores que me distraen de lo que usted desea relatarme. Cuando tratamos de escuchar con atención, nos percatamos de hasta qué extremo competimos unos con otros. Es posible que escuchemos, pero entretanto todo tipo de pensamientos —ideas, palabras, imágenes— se agolpan en la pantalla de nuestra mente, esperando que el otro calle para poder expresarnos, impacientes por hablar. Aunque no interrumpamos vocalmente al que habla, lo hacemos con nuestros pensamientos.

En ocasiones, en mis talleres, utilizamos una técnica para escuchar (ignoro quién la inventó): colocamos una concha u otro objeto en el centro del grupo. La persona que desea hablar toma la concha y dice lo que desea decir. Los otros escuchan, y nadie pueda hablar a menos que sostenga la concha. Cuando la persona ha terminado de hablar, deja de nuevo la concha en el centro y, tras unos minutos de silencio, durante los cuales todos asimilamos lo que se ha dicho, otra persona toma la concha, y así sucesivamente.

Es una técnica útil porque demuestra lo apremiante que es nuestra tendencia a hablar sin escuchar, lo intenso que es nuestro deseo de tomar la palabra. Asimismo demuestra que el hecho de escuchar nos obliga a ralentizar la marcha, a meditar, porque una auténtica comprensión requiere pausa y atención.

Pero la gente se cansa enseguida de este ejercicio. En cuanto la concha vuelve a su lugar en el centro, muchos se apresuran a tomarla, y mientras una persona habla, se muestran impacientes por apoderarse de la concha al tiempo que siguen dando vueltas a las cosas importantes que tienen que decir. Y se olvidan de escuchar.

Escuchar requiere algo más que silencio. Requiere la capacidad de escuchar no sólo lo que el otro dice, sino cómo lo dice. A menudo las palabras en sí mismas no son muy importantes, lo que cuenta es el tono. Por ejemplo, cuando alguien nos dice «sí», ¿es un sí forzado, entusiasta, brusco o reacio? Algunas frases sencillas como «voy a dar un paseo» o «¿dónde dejaste el periódico?» pueden contener ira, disgusto, protesta, afecto. Basta con que escuchemos con atención. En cierta ocasión vi un cuadro consistente en una ventana a través de la cual se veía un cielo cubierto de nubarrones, las cortinas agitadas por el viento. Debajo había estas palabras: «No recuerdo lo que dijiste, pero recuerdo cómo lo dijiste».

Escuchar es un magnífico arte que regenera y estimula al beneficiario. Éste se siente en paz porque, milagrosamente, alguien está escuchando sin tratar de apoderarse del micrófono, o de contradecirle, o de decir algo más ingenioso, o de cambiar de tema. Escuchar confiere valor a todo cuanto se dice, y a la persona que lo dice. Al escuchar atentamente oímos también lo que no se dice de modo manifiesto. Oímos la voz del alma, o quizá su grito.

Escuchar aporta alivio al que escucha, porque le proporciona la paz que proviene del silencio. Para escuchar uno debe vaciarse. Durante un rato sus ansiedades y problemas dejan de existir. El ruido interior queda sofocado. Mientras uno escucha, es libre.

El respeto está íntimamente ligado con el hecho de ver y escuchar. Pero si los ojos revelan el alma, las orejas no parecen revelar nada sobre nosotros; son la parte menos expresiva de nuestro rostro. Pero si observa su forma, curiosamente compleja, verá una extraordinaria imagen de receptividad, la receptividad que a menudo nos arriesgamos a perder en nuestra vida apresurada y convulsa. La oreja es la imagen de nuestra apertura al mundo.

Escuchar a otros no constituye un deber tedioso, sino una interesante aventura, porque si escuchamos con atención, comprobaremos que todo el mundo tiene algo interesante que decir, incluso las personas que parecen más corrientes e incompetentes. Según una historia africana, el dios del cielo encomienda a la araña Ananse la misión de recabar toda la sabiduría del mundo y llevársela. A cambio el dios será proclamado «el más sabio de todos los tiempos.»

—No es ningún problema —responde Ananse—. Lo haré en tres días.

La araña recaba toda la sabiduría del mundo y la coloca en un inmenso recipiente. Luego, después de sujetarse el recipiente al lomo, comienza a trepar hacia el cielo, escalando lentamente un elevado cocotero cuya copa se pierde entre las nubes. Cuando alguien ofrece ayudarle, la araña rechaza esa ayuda. Quiere realizar su tarea sola, quiere ser la única guardiana de la sabiduría. Se siente muy orgullosa de su labor. Todo el mundo la observa desde el suelo conteniendo el aliento. Ananse consigue por fin su objetivo: llega al cielo con toda la sabiduría de la Tierra. ¡Lo ha conseguido! ¡Qué triunfo! ¡Qué dicha! La araña alza sus ocho patas en señal de victoria. Pero al hacerlo pierde el equilibrio y cae estrepitosamente al suelo. El recipiente se rompe y la sabiduría se hace añicos. Todo el mundo se precipita para apoderarse de los fragmentos, que son muy interesantes y hermosos y desde ese día nadie tiene el monopolio de la sabiduría. Todo el mundo tiene un pedazo de ella. Incluso los más ignorantes, infelices, obtusos o aparentemente menos dotados tienen un pedazo de sabiduría. Todo el mundo tiene algo interesante y original que decir.

El respeto es una condición indispensable a la hora de resolver conflictos. Continuamente se producen peleas y tensiones: en la familia, en la escuela, en las empresas, entre grupos sociales y entre pueblos, y todas ellas, desde una discusión banal entre amigos a una guerra atómica, son absurdas pérdidas de tiempo y esfuerzos, y causan desgracias sin cuento. La agresividad y el dominio constituyen un método burdo e ineficaz de abordar los problemas y generan más perjuicios de los que evitan. Cuando no estallan de forma destructiva, los conflictos persisten debajo de las cenizas, consumiendo energías y recursos. Por ejemplo, en Estados Unidos el 65 por ciento de los problemas relacionados con el rendimiento profesional en las empresas se debe a conflictos entre empleados; y los directivos de alto nivel de las 500 empresas estadounidenses más importantes dedican el 20 por ciento de su tiempo a cuestiones relacionadas con conflictos y litigios.

La resolución de un conflicto puede mejorar mucho las relaciones y la eficacia en las empresas. En las escuelas sirve también para aumentar el rendimiento académico. Para resolver conflictos, el primer paso consiste en aprender a reconocer el punto de vista y las demandas del otro. Esto es respeto: el reconocimiento pleno de uno mismo y del otro. Solventar conflictos mediante el respeto y escuchando es el método más eficaz y elegante de saldar disputas. No digo que funcione siempre, porque la irracionalidad, la agresividad y la rigidez abundan. Pero en cualquier caso es un punto de partida.

Lo que hemos dicho hasta ahora puede resumirse así: el respeto equivale a conceder a los demás el espacio que merecen, cosa que a menudo no hacemos. En primer lugar, juzgamos. Nos comportamos como jueces impulsivos y sesgados, apresurándonos a sacar nuestras propias conclusiones. Incluso sin decir una palabra, nos formamos una opinión sobre lo que tenemos delante: «Es un hombre agradable, pero en el fondo prepotente», «Ella parece simpática pero es falsa», y así sucesivamente. Juzgar no cuesta nada. Nos procura una sensación ficticia de superioridad sobre la persona a la que juzgamos. Y al margen de que nuestro juicio sea o no acertado, incide en la relación. El otro lo percibe en el ambiente, influye en él, le hiere o le ofende.

Con frecuencia un juicio de valor va acompañado del deseo de controlar. Deseamos ofrecer consejo, decir a la persona en cuestión cómo debe dirigir su vida, salvarla. ¿Cuántas veces ha tratado alguien de decirle a usted lo que debe comer, las películas que debe ver o los libros que debe leer, cómo emplear su tiempo, con quién debe casarse o no casarse, o en qué Dios debe creer? Esos consejos no son sólo una forma de compartir ideas, sino un medio de presión. La idea subyacente es que usted es incapaz de valerse por sí mismo, necesita que le aconsejen para mejorar.

La imagen mítica del lecho de Procusto es perfecta. Este hombre siniestro obligaba a la gente a tenderse en su lecho. Si encajaban bien, tenían suerte. Si eran demasiado altos, les cortaba los pies, y si eran demasiado bajos, estiraba sus miembros hasta hacerlos coincidir con la medida del lecho. La espantosa historia de Procusto describe perfectamente el horror de quienes pretenden entrometerse en las vidas de los demás. Aunque no lleguemos a los extremos de Procusto, en ciertos momentos todos nos sentimos tentados de tratar de moldear a los demás según nuestros deseos.

Para comprender el daño que causan los juicios de valor y el afán de controlar las vidas de los demás, conviene examinar un ejemplo extremo: el régimen totalitario, en el que todo el mundo está obligado a vestirse de la misma forma, leer los mismos libros, tener las mismas ideas, lucir una barba o un bigote, cubrirse el rostro o acatar cualquier otra costumbre impuesta con el único fin de controlar las vidas de todo el mundo. Un músico rumano me contó una vez que durante la época de la dictadura en su país no podía tocar música de jazz, que era considerada un símbolo de la decadente sociedad estadounidense. Sólo podía interpretar música clásica. Si se atrevía a tocar música de jazz con unos amigos, la policía (enviada por un informador) no tardaba en presentarse y arrestarlos a todos. Si la música es la expresión del alma, reprimirla equivale a matar el alma. Aquí tenemos un ejemplo extremo. Y todo empezó porque alguien sabía lo que les convenía a todos.

La tolerancia es una gran virtud. Sin ella no existe creatividad, ni amor. No podemos crecer, ni como individuos ni como sociedad. Pero tampoco conviene exagerar. Es preciso oponerse a la injusticia, al afán de dominio y a la violencia, por citar unos ejemplos. Debemos enfrentarnos al mal, no evitarlo. Con frecuencia, como demuestra la historia, el mal se desarrolla porque lo condonamos o ignoramos. Si somos demasiado tolerantes, nos exponemos a encontrarnos con unos tanques ante la puerta.

Por consiguiente, en ciertos momentos debemos ser tolerantes, y en otros aplicar la tolerancia cero. Con todo, el respeto espacioso es uno de los sistemas más sencillos de abrir una relación. Dejar que los demás sean como son, sin acorralarlos, ni siquiera en nuestra imaginación, con juicios de valor, consejos, presiones y la esperanza de que sean como nosotros querríamos que fueran. Debemos confiar en que sean capaces de inventar su propio destino. Sin ese espacio, la bondad se asfixia; sólo puede vivir y respirar en un espacio lo suficientemente amplio. Éste es el respeto que deseamos recibir. Éste es el respeto que debemos aprender a ofrecer.

Flexibilidad

Adaptarse o perecer

Todo el mundo cambia. Cambia nuestro cuerpo. Cambian nuestras ideas y nuestro talante, o el talante de las personas que nos rodean. Cambian nuestros amores y nuestras relaciones de amistad. Cambian nuestra situación económica y nuestros planes de vida. Cambian las causas de nuestra desdicha o nuestra felicidad. Cambia la situación política. Cambia la moda y el tiempo. Incluso cambia el mismo cambio.

En un universo en que nada permanece inmutable, es difícil hallar algo a qué asirnos que nos ofrezca protección y seguridad. La única forma de sobrevivir consiste en el arte de adaptarse a los acontecimientos que nos pillan siempre por sorpresa. Si uno se adapta, sobrevive. Si permanece inmóvil en unas circunstancias que cambian continuamente, perece.

La historia de la evolución lo explica todo, y cada pequeño detalle del mundo vivo es un himno a la capacidad de adaptarse. Los ojos de un insecto, el plumaje de un ave tropical, las aletas de un delfín, la estructura ósea de un murciélago, la estrategia de un reptil o las funciones del cerebro humano constituyen unos testimonios de adaptación a una vida que cambia continuamente. Los que no se adaptan acaban como los dinosaurios.

La flexibilidad y capacidad de adaptarse son unas características que la ciencia y la tecnología han tratado de comprender e imitar. Un buen ejemplo son los telescopios del futuro, basados en un sistema óptico adaptativo. La atmósfera terrestre es un filtro que ofusca y distorsiona las imágenes que provienen del espacio. Los nuevos telescopios, dirigidos a las estrellas lejanas, tomarán en cuenta la atmósfera y adaptarán sus espejos de acuerdo a las perturbaciones, modificándolos infinitesimalmente, cientos de veces por segundo. De esta forma obtendremos unas fotografías precisas incluso de los planetas que estén más allá de nuestro sistema solar, lo que hasta ahora no habíamos conseguido. Es un invento que contiene un claro simbolismo: podremos ver más lejos, no superando los obstáculos, sino adaptándonos a ellos.

En una estrategia militar, el más flexible vence. Los barcos de guerra ingleses, más ligeros y veloces, aventajaban a los lentos y pesados galeones de la Armada Invencible. La adaptabilidad es el arma secreta del mundo de los negocios, donde la rigidez equivale a una derrota. Nadie se ha hecho nunca rico vendiendo paraguas durante una sequía o libros de texto al comienzo de las vacaciones. Los que son capaces de intuir las demandas de un mercado en continuo movimiento sobreviven y se hacen ricos.

La flexibilidad es una forma de sabiduría práctica, una inteligencia que vive en el presente, que intuye el menor signo de cambio y que posee la facilidad y maleabilidad necesarias para adaptarse a las nuevas circunstancias. Este tipo de sabiduría nos ayuda a comprender que no podemos controlar cada elemento de nuestra existencia. Pretender dominar la situación presente es legítimo, especialmente si somos cirujanos, pilotos o funámbulos. Pero un control total sobre nuestras vidas es una quimera; hay demasiadas variables en juego que desconocemos. Si tratáramos de hacerlo, nos volveríamos locos y nos arriesgaríamos a conseguir lo contrario de lo que deseamos. En muchos casos es preferible aceptar lo imprevisto.

Si no lo hacemos, tenemos problemas, como me ocurrió a mí en cierta ocasión. Me hallaba en una situación que deseaba controlar por completo. Iban a entrevistarme en directo en un importante programa radiofónico. Mis palabras se emitirían a través de las ondas sin que yo pudiera rectificarlas ni eliminarlas. La entrevista iba a sostenerse por teléfono, y la perspectiva de que uno de mis hijos me interrumpiera cantando o gritando me inquietaba profundamente. De modo que pedí al entrevistador que me llamara a mi despacho, una habitación silenciosa situada en el piso superior, alejada de los ruidos de la casa y el tráfico. Cuando llegué allí me informaron de que el fontanero estaba reparando las tuberías del edificio, pero no le di importancia. Al cabo de un rato sonó el teléfono y comenzó la entrevista. Cuando llegamos a una parte crucial de la conversación, en la que abordamos los complejos temas del espíritu, ocurrió lo imprevisto. Aunque yo no esperaba a nadie, sonó el timbre de la puerta. No hice caso y seguí hablando, pero el timbre sonó de nuevo con insistencia. Era el fontanero. Sabía que me encontraba en mi despacho y, como no había respondido a su llamada, me aconsejó a través de la puerta cerrada: «¡Doctor Ferrucci, no utilice el retrete durante dos horas o se llenará todo de porquería!» La prosaica interrupción del fontanero salió al aire en el momento en que miles de oyentes habían sintonizado la radio para escuchar mis palabras profundas. Entonces comprendí que, por más que lo intentara, no podía controlarlo todo. El mundo exterior no iba a adaptarse a mí, sino que era yo, simple y llanamente, quien debía adaptarme a lo que ocurría en todo momento.

Todos debemos aprender a ser menos rígidos. La labor de la psicoterapia puede definirse como la recuperación, o el aprendizaje, de la flexibilidad. Nosotros ayudamos a personas que persisten en enfrentarse a la situación de hoy con las estrategias de ayer. Los sistemas que pudieron haber funcionado ayer, o al menos permitido a la persona sobrevivir, hoy resultan desastrosos. Una persona maltratada de niña, por ejemplo, vive en una tensión constante, quizá cerrándose a los demás como una criatura atemorizada. O bien se convierte en un ser servil y seductor, que trata de congraciarse con el enemigo en potencia. Estas actitudes, por adecuadas que hayan sido en el pasado, hoy en día no tienen vigencia. El peligro ha pasado, y ha llegado el momento de dejar de fingir y empezar a vivir. Otro ejemplo: pongamos que una madre ha dedicado muchos años a cuidar de sus hijos, velando por su salud, llevándolos en coche a la escuela, escuchando sus sueños y problemas, entregada en cuerpo y alma a su bienestar. Los niños crecen, abandonan el hogar y la madre tiene que dejar de ocuparse en cuerpo y alma de ellos, como una máquina obsoleta que ya no es útil y queda arrinconada, oxidándose. La situación exterior es completamente nueva. ¿Logrará ella cambiar el talante interior?

Se trata de lograr que todos aprendamos a reconocer la realidad presente. Porque pese a sus golpes duros e ingratos, la realidad es nuestra gran maestra. La realidad procede a su modo, sin tener en cuenta nuestras esperanzas ni nuestros sueños. Nuestras fantasías son inútiles si no nos ayudan a afrontar la vida tal como es en este momento.

Por este motivo la flexibilidad no es sólo una estrategia útil, sino una cualidad espiritual. Significa librarnos de las ataduras, prestar atención al presente, aceptar las cosas como son. Los cambios en nuestra vida pueden ser desagradables, incluso aterradores: las personas que amamos quizá no nos amen como antes, nuestra competencia profesional disminuye, nuestro cuerpo se debilita, nuestros productos ya no se venden como antes, los amigos que antiguamente nos procuraban calor y apoyo se han olvidado de nosotros, las actividades que antes nos apasionaban ahora nos parecen aburridas y absurdas. Frente a los cambios constantes, el taoísmo propone que seamos tan adaptables como el agua que fluye sobre y alrededor de las rocas, modificando su forma a fin de seguir fluyendo. Si somos capaces de renunciar a las creencias a las que estamos más apegados, podremos abrirnos a otras nuevas, a la paradoja y el absurdo. Esto es creatividad. Esta actitud se convierte en una forma de vida, incluso en un camino espiritual. Conseguiremos renunciar a los viejos modelos y ser lo suficientemente humildes para comenzar de nuevo.

Adaptarse a la realidad presente significa aceptar frustraciones. Los psicólogos han calculado la capacidad de los niños para adaptarse a pequeñas frustraciones, por ejemplo, mantener una chocolatina en la boca sin comerla durante 10-30 segundos; no mirar mientras la persona que realiza el experimento abre un paquete que contiene un regalo para el niño haciendo ruido con el papel; contemplar unos juguetes y seleccionar uno sin tocar nada; construir una torre con otro niño, utilizando cubos de madera, alternándose y sin derribar la torre. Según este estudio, los niños que aceptaban con mayor facilidad la frustración eran más fuertes, más agradables en compañía de otros niños, más concienzudos y más abiertos a nuevas experiencias.

Años más tarde, esos niños serán unos adultos que aceptarán más fácilmente los pequeños reveses que abundan en la vida cotidiana: no encontramos aparcamiento; la persona que esperamos se retrasa; el ordenador se bloquea; hace mal tiempo y cancelan el vuelo que debíamos tomar; la cola en el supermercado es increíblemente larga; nos topamos con la engorrosa burocracia, etcétera. A la realidad le tiene sin cuidado nuestros planes y nos fastidia continuamente. Según un reciente estudio, hoy se topará usted con 23 frustraciones (hace unos años eran 13.). ¿Prefiere luchar contra ellas o aceptarlas?

La capacidad de ser flexible tiene muchas repercusiones en nuestras relaciones. Por más que tengamos un carácter plácido y agradable, si no nos adaptamos a lo novedoso, nos sentiremos estresados, de mal humor, irritados, agresivos o abrumados por una situación que no esperábamos, y por tanto poseeremos menos energía mental y emocional para expresar lo mejor de nosotros mismos con los demás. Sólo una parte de nosotros estará presente. La otra estará peleando, protestando y resistiéndose.

Debido a que las personas flexibles aceptan lo que se presente, es más fácil tratar con ellas. ¿Con quién prefiere usted cenar, con alguien que se queja si no puede comer langostinos flambeados regados por un Riesling del 67, o con alguien que se contenta con un plato de pasta y alubias? ¿Quién es un huésped más grato, un amigo que se muestra satisfecho de haber dormido bien, que no le hace unas demandas imposibles y se las arregla él solo en su casa, o un pariente que requiere constantemente su atención, que se queja de que el colchón es demasiado duro y le pide que le ayude a dar con un experto en sellos japoneses? No cabe duda de que las personas con buen talante son una bendición.

Los deseos y las exigencias son el factor que pone a prueba una relación. Si las necesidades son normales y legítimas, y si ambas partes las aceptan de buen grado, todo va bien. La relación funciona. Pero imagine que las necesidades se convierten en unas exigencias arbitrarias, caprichosas. La relación se complica. Más que un agradable paseo por el campo, se convierte en una expedición en piragua por unos rápidos.

Por extraño que parezca, en ocasiones las demandas excesivas y arbitrarias no son lo que parecen, sino una distracción, porque nos permite evadirnos de lo más importante en una relación, que nuestra pareja y nosotros nos veamos como somos, que nos comuniquemos y nos compenetremos. Muchas personas que en su fuero interno temen la intimidad, erigen una barrera entre ellas y su pareja, una barrera de constantes demandas e imposiciones. En un cómic vemos a una mujer que acaba de recibir un anillo de compromiso engarzado con una piedra preciosa y lo está examinando con una lupa. En ese momento le tiene sin cuidado su novio, lo único que ve es el brillante.

En el otro extremo del espectro está la persona que se contenta con poco: «No necesito nada, soy feliz estando contigo». ¡Qué alivio!

Aparte de las demandas activas, las expresadas de viva voz, las demandas pasivas son igualmente nocivas. Son las demandas que damos por descontado, y que no expresamos de modo manifiesto. Una de las más comunes es: «Espero que sigas siempre igual». Por lo general, aunque expresemos la esperanza de que las personas que nos rodean cambien, todos tendemos a la inercia: seguimos percibiéndolas de la misma forma, e inconscientemente deseamos que sigan tal como nosotros las vemos. Cualquier modificación que se interponga en la idea fija que tenemos de una persona nos irrita.

Confiamos en que las personas que nos rodean no cambien nunca. Les ponemos una etiqueta y las guardamos en un cajón mental. Debido a mi profesión de psicoterapeuta, a veces recibo llamadas de familiares de un cliente, protestando porque esa persona está cambiando, adquiriendo una mayor firmeza de carácter, o dejando que aflore un nuevo rasgo de su personalidad; la vida con esa persona es menos sencilla. Desean que su pariente deje de sufrir y deje de hacer sufrir a los demás, pero no comprenden que para ello es preciso que esa persona cambie. Y cuando la persona ya no encaja en la imagen que sus familiares tienen de ella, éstos se enojan. Aún recuerdo el menosprecio y el asombro de un padre cuando su hija, hasta entonces una persona deprimida, sumisa y obediente, decidió dejar su trabajo y emprender un viaje alrededor del mundo. Su hija había cambiado, había alcanzado su libertad. Pero el padre seguía aferrado al pasado, luchando contra la novedad con toda la artillería.

Le ocurre a todo el mundo. Una noche, en un restaurante, en lugar de pedir el acostumbrado plato de pasta y verduras acompañado por agua mineral, pedí una pizza con salami y una cerveza. La reacción de mi familia fue increíble. Me tacharon de degenerado, de un tipo sin el menor gusto, de un alma extraviada, destinado en el futuro a sufrir graves problemas de salud, aunque si alguno de ellos hubiera pedido lo mismo que yo, nadie habría rechistado. El problema era que no soportaban la disonancia con la imagen que se habían creado de mí, y les costaba aceptar que yo la hubiera destruido. ¿Somos una familia particularmente rígida? No lo creo. Somos normales. Pero yo apuesto por la libertad. Lo ideal es un mundo en el que los hijos mayores y sus padres se dan mutuamente permiso para teñirse el pelo, colgarse un aro de la zona del cuerpo que quieran, seguir sus tendencias sexuales, vestir como les apetezca, emplear su dinero en lo que deseen, ingerir cualquier sustancia química que deseen introducir en su organismo (con algunas excepciones), cambiar sus personalidades y partir repentinamente hacia tierras lejanas y misteriosas.

Por lo general suponemos que cuanto mayores nos hacemos, más rígidos somos. Pero no es menos cierto que los niños son criaturas de costumbres y les disgusta el cambio. En mi opinión debemos respetar su necesidad de una estructura. En cierta ocasión traté de sorprender a mi ahijada, a la que no había visto desde hacía un año, ocultándome en un armario ropero y apareciendo de improviso cuando ella entró en la habitación. A la niña no le gustó nada mi inesperada aparición y huyó llorando. Tenía razón: los padrinos no tienen por qué salir de los armarios roperos. Los niños necesitan unos puntos de referencia fijos. No conviene llevar la flexibilidad demasiado lejos.

No obstante, en lo referente a las personas adultas la cosa cambia. Si conseguimos suavizar nuestra rigidez y no tomarnos demasiado en serio nuestras expectativas, daremos espacio a otros para que sean lo que desean ser, expresar nuevas formas de pensar y comportarse, mostrarnos unas facetas inéditas de sí mismos y quizá madurar. Si entablamos una relación con alguien confiando secretamente en que esa persona siga siempre igual, porque estamos acostumbrados a ella, es como si nos refiriéramos a una suscripción o una póliza de seguro, no a una persona real. Cuantas más oportunidades le demos de cambiar y experimentar, más se parecerá la relación a una aventura, en la que ambos nos preguntaremos adónde nos conducirá el siguiente paso.

La familia también debe procurar ser más adaptable. Debe ser más o menos capaz de adaptarse a los momentos de estrés, a los cambios y a las etapas difíciles en la infancia y la adolescencia. Diversos estudios demuestran que cuanto mayor es la adaptabilidad de la familia durante la adolescencia de los hijos, mejores serán sus relaciones íntimas con ellos cuando sean adultos.

Si somos flexibles, no sólo nos adaptamos mejor a los cambios de los demás, sino que resolvemos mejor la difícil tarea de ceder sin deprimirnos ni enojarnos. Ceder significa, por ejemplo, reconocer que otra persona sabe más que nosotros, pedir perdón cuando cometemos una torpeza, reconocer nuestros fallos, dejar pasar a otros. ¿Se ha encontrado usted alguna vez en un cruce o en un carril en el que ningún coche estaba dispuesto a reducir la marcha para dejarle pasar? Puede que yo fuera uno de esos automovilistas. Cuando conduzco, en ocasiones cedo el paso a otros, pero otras veces no lo hago y luego (según he comprobado) tengo que justificarme ante mí mismo. Me digo que llevaba mucha prisa, que el otro conductor avanzaba de modo muy agresivo, que si me detenía para dejarle pasar me exponía a que el coche de atrás chocara con el mío. No obstante, pienso: ¿qué sientes cuando todos los coches siguen avanzando frente a ti, fingiendo que no existes, o incluso aceleran un poco para cerrarte el paso? ¿Y qué sientes cuando alguien se detiene para dejarte pasar e incluso sonríe? Esto es amabilidad, una de las caras de la bondad.

Conducir quizá sea el territorio en el que es más difícil ceder. Recuerdo una desagradable escena que presencié hace unos años en una de las estrechas carreteras que discurren por las colinas que rodean Florencia, en las que es imposible la circulación simultánea en los dos sentidos. Dos automovilistas se encontraron de frente. Por regla general, un conductor hace marcha atrás para dejar que el otro pase. Pero en esta ocasión ninguno estaba dispuesto a hacerlo. De modo que se detuvieron y se pusieron a discutir. Cuanto más trataban de defender su postura, menos dispuestos estaban a capitular. Ambos estaban perdiendo el tiempo, aparte de impedir que los demás circuláramos. Lo peor era que estaban perjudicando su salud.

No es fácil ceder, aunque muchas veces sabemos que es lo más indicado y lo que debemos hacer. Nuestra cultura premia a la persona enérgica, y considera que ceder es una debilidad y una derrota. Lo vemos con frecuencia en políticos cuando debaten entre sí, pues tienen terror de parecer incompetentes. En realidad, los que pretenden a toda costa parecer más fuertes suelen ser los más débiles, y en ocasiones ofrecen un aspecto ridículo o patético. Algunos cómicos han expresado este hecho de forma muy divertida. Recuerdo una famosa escena en la película *El gran dictador*, de Charlot, en la que a Hitler y Mussolini no se les ocurre otro modo de demostrar su superioridad sobre el otro que sentándose en un nivel cada vez más alto. Por fin, al elevar sus sillas más y más, terminan golpeándose la cabeza contra el techo.

El aspecto más grato de ser flexible, y el que guarda mayor relación con la bondad, es la disponibilidad. Las personas varían mucho en cuanto al grado en que poseen esta cualidad. Algunas se ocultan detrás de contestadores automáticos, colaboradores asépticos y salas de espera, colas y listas de espera. A veces se trata de personajes importantes y la espera está justificada. Pero sospecho que a menudo se trata de una estratagema para demostrar, a través de su inaccesibilidad, que son mucho más importantes que uno. Una vez solicité entrevistarme con un agente literario, pues quería que se ocupara de uno de mis libros. La secretaria me dijo que estaba muy ocupado y me pidió que enviara una detallada biografía, y que al cabo de unos meses el agente me concedería una entrevista. El término «conceder» me sonó demasiado condescendiente y dejé correr el asunto. De lo cual me felicito, pues mi actual agente literaria siempre está disponible, y a la hora de vender mis libros es pura dinamita.

Mostrarnos siempre accesibles sin duda puede ser fatigoso y abre la puerta a personas que desean explotarnos y hacernos perder tiempo. Pero un poco de amabilidad y buena organización consigue hacer que la gente se sienta mejor. He conocido a médicos que te hacen aguardar en salas de espera atestadas de pacientes desesperados, algunos de ellos sometidos a violentos accesos de tos o a sonoras lamentaciones, para que cuando por fin te visita, te sientas peor que antes de llegar a la consulta y desees salir de allí cuanto antes. Y he conocido a personas que siempre están dispuestas a recibirte porque has acudido a ellas y en ese momento las necesitas. Conozco a una mujer que fabrica violines en Florencia, cuyo estudio está situado detrás del Palazzo Vecchio. Es conocida por la extraordinaria calidad de sus violines, y provee a algunos de los mejores violinistas del mundo, pero si le llevo el pequeño violín de mi hijo para que lo repare, deja lo que está haciendo y lo arregla en unos minutos. En otro ámbito muy distinto, conozco a un hombre que fundó una compañía llamada Fulmine (que significa «relámpago» y por increíble que parezca es su apellido), que vende y repara postigos. En cierta ocasión le llamé y hablé con su secretaria. Después de explicarle el caso, pregunté cuándo podía acudir el señor Fulmine para arreglar mi postigo, confiando en que la secretaria dijera «Dentro de unos días». Pero la secretaria me respondió: «Ya va de camino».

Esto sí que es lo que yo llamo disponibilidad.

Memoria

¿Se ha olvidado de alguien?

Vas andando por la calle y de pronto te encuentras con una persona que no has visto desde hace veinte años. No conoces todas las vicisitudes que esa persona ha pasado durante ese tiempo. En una parte de tu cerebro conservas el recuerdo de esa persona tal como era tiempo atrás. Como una figura de cera en nuestra galería de recuerdos, ha seguido siendo como era entonces, en nuestra mente. Pero cuando nos topamos de improviso con ella, nos parece que ha envejecido súbitamente, como en una película de horror. Es increíble. Como si alguien girara la manivela de la máquina del tiempo, haciendo que esos años pasaran en un santiamén. La vida nos depara de forma brusca este tipo de sorpresas, recordándonos que el tiempo pasa, que nada permanece inmutable.

Una soleada mañana de otoño me encontré con mi antigua profesora de inglés. Durante un tiempo, hace muchos años, esa mujer había ocupado un lugar en mi vida, pues nos veíamos una vez a la semana para dar nuestras tediosas clases de inglés. Luego me mudé con mi familia y la perdí de vista. De pronto me tropecé con ella en el mercado. La reconocí antes que ella a mí. Tenía el pelo canoso y estaba algo más gruesa, pero había envejecido bien. Le conté cómo me había ido en esos años y le pedí que me contara que había hecho ella. Su rostro se entristeció y respondió: «Nos detuvimos en la W». Al principio me quedé perplejo. Luego recordé que esa mujer había empezado a escribir un diccionario italiano-inglés con su marido. Lo compilaban al estilo antiguo, de forma artesanal. Abordaban una sola letra a la vez. Por ejemplo, durante un tiempo se ocupaban de la A, y en esos momentos en su vida sólo contaban las palabras que empezaban por A. Luego pasaban a la B, y así sucesivamente. Cuando la vi por última vez hacía poco que habían iniciado el proyecto.

La mujer me habló sobre su vida. Cuando iban por la D, su marido empezó a mostrar problemas de memoria, pero no se inquietaron. Al llegar a la I, el hombre pareció recuperarse durante un tiempo, pero la enfermedad avanzaba inexorablemente. La L fue mortal. Durante esos días sufrieron un grave accidente de tráfico. La P fue una época de pesimismo y trastornos de salud, durante la cual el marido tuvo que ser ingresado en el hospital. La S estuvo marcada por el dolor y el sufrimiento, y la situación fue de mal en peor, letra tras letra, hasta llegar a la W. La compilación del diccionario, que estaba muy retrasada, cesó con la muerte del marido. La mujer había sido incapaz de seguir con el proyecto. Había interrumpido su labor, dejándola inconclusa.

Esta forma de recordar los acontecimientos vitales me parece un tanto curiosa, pero no debería sorprenderme, pues todos relacionamos mentalmente los jalones de nuestra existencia con nuestros pensamientos y emociones. Pero lo que más me llama la atención es que el dolor de esa mujer se había prolongado durante años sin que yo estuviera al corriente de su situación. Yo había vivido nuevas experiencias y me había olvidado de ella. Durante ese tiempo ella había sufrido. Había avanzado, con dolorosa lentitud y sufrimiento, a través de las páginas de su diccionario, hasta que al final se había quedado sola.

Sí, las personas siguen existiendo aunque nosotros ya no nos acordemos de ellas. Siguen sufriendo, trabajando, gozando, enfermando, sanando, muriendo. Es una realidad evidente e innegable. Pero ¿estamos convencidos? En nuestra mente narcisista, las otras personas sólo existen cuando las vemos, las tocamos, las escuchamos o cuando pensamos en ellas.

Cuando nos encontramos con esas personas al cabo de muchos años, nos sorprende comprobar que la vida también ha continuado para ellas. Es posible que nos sintamos también un tanto culpables por habernos olvidado de ellas. Mi profesora de inglés había continuado su existencia de la A a la W con tremendos altibajos. Yo, arrastrado por el curso de la vida, había emprendido un rumbo distinto. No hubiera podido eliminar el sufrimiento de esa mujer. Pero quién sabe si con alguna llamada telefónica o con una visita hubiera podido aliviarle su situación, haberle dado la sensación de que no estaba sola, de que había alguien en el mundo que se acordaba de ella. Pero no había ocurrido así.

Muchas personas que han desempeñado un papel en nuestra vida se tornan obsoletas. Durante un tiempo son útiles, nos interesan, nos estimulan. Luego pierden importancia y nos olvidamos de ellas. Este proceso es reforzado por la actitud imperante de nuestra época, que evoca en beneficio nuestro un mundo ilusorio en el que el ritmo es acelerado, los sentimientos superficiales y la satisfacción está garantizada. Vivimos en un presente espurio, un presente que no guarda relación alguna con el pasado ni el futuro. Es el presente del consumismo, en el que buscamos incesantemente nuevos productos y desechamos los viejos.

Es el estilo basado en usar y tirar. Desechamos todo cuanto no nos sirve. Por cínico que parezca, es una actitud que adoptamos también, con unas variantes más sutiles y menos brutales, con respecto a los seres humanos. Nos olvidamos de las personas que ya no nos interesan. En muchos casos se trata de personas ancianas, aunque pueden ser de cualquier edad. Rara vez es un razonamiento explícito: estamos muy atareados y vivimos aceleradamente, incapaces de cumplir todos nuestros compromisos, por lo que no tenemos tiempo para dedicárselo a quienes, vistos desde nuestra acelerada perspectiva, no tienen mayor importancia para nosotros. Al igual que los coches que circulan a gran velocidad, aceleramos y dejamos atrás a los vehículos más lentos. O bien somos los coches lentos, que observamos cómo los otros nos adelantan y desaparecen a lo lejos.

El caso de las personas ancianas es bien elocuente. Si va a Alaska comprobará que, de acuerdo con el estilo de vida tradicional, los ancianos esquimales son respetados y reverenciados, porque saben dónde practicar un agujero en el hielo para pescar y sobrevivir. Si visita la Nigeria tribal, comprobará que ser viejo constituye un honor, porque sólo los viejos tienen derecho a aconsejar y curar. En la India tradicional, comprobará que la vejez es la etapa de la vida dedicada a la espiritualidad y a elevarse por encima de las preocupaciones y ambiciones prosaicas. Aquí en Occidente, las cosas son distintas. Nos olvidamos de los ancianos, porque pierden importancia y vigor, y se desvanecen en nuestra memoria y en el mundo real. En el peor de los casos, se hacen obsoletos. Una vez pedí a un grupo de alumnos a los que daba clase que dijeran las primeras palabras que asociaban espontáneamente con «vejez». Las respuestas más frecuentes fueron: «enfermedad de Alzheimer», «incontinencia», «debilidad», «senilidad», «féretro».

Otro signo de nuestros tiempos es el empleo analógico de la palabra «memoria». Decimos que ciertos materiales conservan una forma particular: es su «memoria». El material de mi pantalón «recuerda» las arrugas adecuadas y olvida las inadecuadas. El ordenador tiene memoria, y nos afanamos en almacenar todos los datos una y otra vez, por temor a que el ordenador pierda su memoria. Cada noche mi gestor almacena todos los datos que guarda en su despacho. Su trabajo depende de eso. Una vez leí una artículo sobre un hombre cuyo ordenador había perdido toda la memoria referente a su empresa: direcciones, transacciones, cuentas y demás datos. El hombre se llevó tal disgusto que enfermó y murió al poco tiempo.

Nosotros nos sentimos a veces como una mala imitación de un ordenador, y nos preocupamos cuando no recordamos nombres y números de teléfono. Pero ¿en esto consiste la memoria? A mi modo de ver, no. La esencia de la memoria no consiste en el almacenamiento de datos, sino en las emociones que sentimos, en el significado que otorgamos a nuestros recuerdos, a nuestras relaciones personales, las cuales, debido a que las recordamos, permanecen vivas. Los amigos de mi infancia, el dolor de una separación, el encuentro con una persona especial, una maravillosa tarde de septiembre... No son unos simples datos que tengo archivados. Son unos ingredientes vitales de mi biografía. A través de mis recuerdos construyo mi vida y mi identidad. Soy lo que soy en virtud de cómo recuerdo lo que me ha ocurrido, las personas que he conocido, los errores que he cometido, los triunfos que he gozado. Recuerdo, luego existo.

Recordar es vivir. Olvidar es morir. Cuando alguien que ha desaparecido sigue vivo en nuestros recuerdos, cobra de nuevo vida. Una mujer que conocía a mi madre me contó un día ciertas cosas sobre ella, varios años después de morir mi madre, cosas que yo ignoraba. Mi madre la había ayudado en unos momentos de crisis; se había confiado a ella, le había hablado de mí. Así, inesperadamente, mi madre volvió a estar presente. Cuando alguien muere, la mejor forma de ayudar a las personas que la amaron es recordar los episodios de su vida, y nuestros encuentros con esa persona. Preservamos el alma en los recuerdos. Al recordar, obtenemos una pequeña victoria sobre lo inevitable de la muerte.

Pero a menudo es más sencillo olvidar. Lo que olvidamos ocupa mucho más espacio que lo que recordamos. Nuestra memoria es implacablemente selectiva. Pensamos en las personas que nos son útiles, y nos olvidamos de las otras. Podemos rebuscar en nuestra memoria cuando lo deseemos. Pero en nuestros archivos hay numerosos recuerdos que no recuperaremos de nuevo. Así pues, podemos discernir una actitud básica, rara vez explícita, con respecto a otras personas. Dicho sin rodeos, existen personas de clase A y personas de clase B; las que cuentan, las que son útiles, divertidas, agradables, las que pueden sernos de ayuda; y aunque no queramos reconocerlo, hay personas de clase B, que consideramos menos útiles o agradables. Llevar esta actitud hacia los demás hasta su extremo lógico es una forma sutil de violencia. Ignorar y olvidarse de alguien es una violencia invisible, llevada a cabo sin golpes ni tiros. Pero no deja de ser violencia, puesto que condena a la persona a la soledad y a la irrelevancia.

Por fortuna hay otra forma de considerar a los demás: pensar que todo el mundo es igualmente importante, igualmente valioso. En un magnífico libro suyo, Norman Cousins relata el día en que fue a ver a Albert Schweitzer. Llevaba una carta de un niño dirigida a Schweitzer, y se la entregó. En su carta el niño le pedía consejo sobre música. Después de que Schweitzer leyera la carta, ambos hombres conversaron sobre varios temas de gran importancia: la paz mundial, las relaciones entre Estados Unidos y la Unión Soviética, los misiles y las armas atómicas, la medicina y la brujería, la salud, las relaciones humanas, todos temas de alcance universal. Este encuentro tendría unos efectos muy concretos en la rela-

jación de las tensiones mundiales y el inicio de la distensión.
Al término de la entrevista, Schweitzer pasó de lo universal a
lo particular. Se acordó del niño y le escribió una carta. Ese
niño era tan importante para él como Kennedy y Jruschov.
Según este punto de vista, nadie debe ser marginado, todo el
mundo es importante.

El que se olviden de nosotros porque no contamos nos
produce un efecto devastador. Es un exilio social. Ser recor-
dados, valorados, tenidos en cuenta como todo el mundo,
hace que nos sintamos importantes. Pero el acto de recordar
también beneficia a los que recuerdan. Vivir en un estado de
amnesia, sin historia, es mortal porque no sabemos quiénes
somos. En la novela *Memoria callada*, de Marani, encuentran
a un hombre con el cráneo medio aplastado, al que trasladan
al hospital y logra sobrevivir. Pero ha perdido la memoria.
No sólo no sabe quién es, sino que no sabe qué idioma habla.
Carece de identidad. Ciertos indicios apuntan a que es finlandés. De modo que el hombre estudia el finlandés y trata de reconstruir su identidad. Es una empresa larga y agotadora,
que él lleva a cabo en la oscuridad, porque ha perdido la memoria para siempre. Al final, el protagonista descubre por
azar que no es finlandés. Los indicios habían sido mal inter-
pretados. Pero es demasiado tarde. Ha pasado a formar parte del ejército finlandés, para luchar en una guerra por un
país que no es el suyo, sin saber quién es.

Podemos considerar esta historia como una metáfora sobre nuestra memoria perdida, pues todos somos en cierta forma amnésicos. En esta época el mundo avanza tan aceleradamente, que es difícil asimilar todas las noticias. Los estímulos
que nos rodean nos distraen continuamente, y el presente es
recreado a diario: acontecimientos, personas, modas, ideas,
edificios, lugares, objetos; todo dura poco tiempo, tras lo
cual se desvanece. Comoquiera que los cambios se producen

a un ritmo vertiginoso, apenas mantenemos contacto con las personas en nuestras vidas. Cada cual sigue su camino, en un estilo de vida infinitamente más complejo y variado que hace, por ejemplo, cien años. El peligro es que incluso podemos perder contacto con nosotros mismos, con la continuidad de nuestra historia. Luego tratamos de crearnos una identidad, como el hombre de la novela, pero es ficticia, por tanto es una identidad débil. Y por último ni siquiera sabemos quiénes somos.

Existen unos remedios parciales. En mi trabajo como psicoterapeuta, al principio de mis entrevistas con un cliente, le pido que escriba su autobiografía. Con frecuencia los recuerdos que plasma son parciales, conllevan unas emociones, unos resentimientos y unas ofensas olvidados que mi cliente no desea afrontar. Persisten unas áreas de inconsciencia. Poco a poco, una persona puede tomar conciencia de su historia, porque la vida de todo el mundo es un relato coherente, aunque lo percibamos como una confusa mezcla de acontecimientos inconclusos. Poco a poco podemos reconciliarnos con nuestra existencia, sabiendo que la historia es lo que nos convierte en lo que somos y lo que podemos hacer. Nuestros recuerdos, las lecciones que hemos aprendido, las dificultades que hemos superado, nuestros éxitos y fracasos, las personas que hemos conocido: todo forma parte de nuestra vida, todo nos ayuda a saber que somos lo que somos.

Una clienta mía decidió explorar su identidad reconstruyendo su infancia. Se había criado en una pequeña población en las montañas austríacas, donde sus padres la habían dejado al cuidado de unas monjas desde los dos años. Había sido muy duro para ella. Al cumplir los cuarenta mi clienta regresó a ese lugar, sobre el que tenía unos recuerdos fugaces, y encontró, dispersas entre otras poblaciones, a las monjas que habían cuidado de ella. Halló a tres, porque la cuarta había muerto. Con ayuda de unas fotografías, mi clienta pudo reconstruir esos años. Las hermanas la recordaban con claridad. Fue un encuentro muy emotivo. Después de esta exploración, mi clienta se sentía distinta. Había restaurado la continuidad en su vida. Se sentía más fuerte y más real.

Los expertos se refieren a la «memoria autobiográfica», y afirman que rescribimos continuamente nuestra historia, analizándola según las imágenes más o menos completas que tenemos de nosotros mismos. Asimismo, la memoria sirve como pegamento social. Nos sentimos unidos a las personas que comparten con nosotros ciertos recuerdos del pasado. Es esencial vivir en el presente, como hemos visto en un capítulo anterior, pero tener memoria no es menos esencial.

Si estamos en contacto con nuestra historia y nos hemos reconciliado con todos los obstáculos con que nos hemos topado en nuestro camino, nos sentimos más centrados. Por el contrario, si vivimos en un estado de amnesia, divorciados de nuestro pasado, si nuestra historia nos pesa o nos envenena, o si la hemos perdido, todo nos resultará más duro. Nuestro pasado es el bagaje que portamos durante nuestro periplo personal. Nos adentraremos en territorios desconocidos, quizá muy bellos, pero peligrosos, en los que todo es posible. Quizá portemos una bolsa llena de cosas inútiles y pesadas, que hace que avancemos lentamente y nos detengamos cada pocos metros para recuperar el resuello. O puede que no llevemos nada, sino que viajamos ligeros de equipaje, pero sin saber adónde nos dirigimos, de dónde venimos y sin provisiones de comida y agua. O quizá portemos una mochila ligera, que contiene sólo los objetos imprescindibles: comida y agua, un saco de dormir, unos mapas detallados, unas notas de viaje y una brújula.

Algunos recuerdos jamás pueden borrarse. Los albores de nuestro pasado es quizá lo que más cuenta, lo que permanece grabado de forma permanente en nuestra memoria celular, aunque lo olvidemos. ¿Cómo fue nuestra primera relación, generalmente con nuestra madre, la persona que garantizaba nuestra supervivencia, nos protegía y cuidaba de nosotros? Muchos aspectos de nuestra personalidad dependen de esta relación. Por lo demás, nuestra experiencia de esta relación vital determina la forma en que nos relacionamos con nuestros hijos. Imagine que tiene ante usted a una pareja que espera un hijo. Usted desea saber qué tipo de relación tendrán los futuros padres con el niño que va a nacer. ¿Qué factor predice con mayor precisión esa relación que aún no ha cobrado forma? ¿El modo en que los padres respondan a un cuestionario? ¿Una prueba de personalidad? ¿Sus creencias filosóficas o religiosas? ¿La relación que mantienen entre sí? Ninguna de esas cosas. El factor crucial y más importante es la forma en que el futuro padre y la futura madre describen sus relaciones con sus padres. Lo que ocurrió en sus vidas probablemente se repetirá en la de su hijo.

Si examinamos otra circunstancia vital, hallamos un curioso y llamativo ejemplo de cómo nuestro pasado forma parte de nosotros. Se trata de la experiencia de muerte clínica. Muchas personas que prácticamente han muerto y regresan a la vida describen su experiencia en unos términos sorprendentemente parecidos. Muchos recuerdan haber visto toda su existencia desfilar ante ellos en un momento, o haber viajado por un túnel oscuro hacia una luz sobrenatural de una belleza sublime. Por último, muchos recuerdan haberse encontrado con sus seres queridos, que habían muerto y se acercaban a ellos para acogerlos, ayudarles, guiarlos y consolarlos. Ese encuentro es justamente lo que necesitamos en esos momentos. Es conmovedor y gratificante.

¿Son esos seres las almas de nuestros queridos deudos? ¿O es una reacción de urgencia de nuestro organismo, un estallido de endorfinas que, mediante una reacción química favorable y unas imágenes tranquilizadoras, nos permite resolver unos momentos de intenso estrés? En cualquier caso la respuesta carece de importancia, porque ambas explicaciones dejan un punto intacto: las personas que pertenecen a nuestra historia forman parte de nosotros, y necesitamos su presencia y apoyo para sentirnos fuertes e íntegros.

Por consiguiente, queramos o no, algunas personas están vivas en nuestra cosmovisión, nuestras células, nuestra identidad. Otras son menos importantes, o en todo caso eso parece. Pero todas, inclusive las menos importantes, han participado en nuestra historia y han hecho que nos convirtamos en la persona que somos. Son como las raíces de un árbol; la más pequeña y alejada también cuenta.

Reconocer nuestras raíces hace que cambiemos, que nos sintamos más reales. Muchas personas se sienten interesadas en la historia de su familia, lo cual indica temor de no tener raíces, de sostenerse sobre el vacío. Pero más importante que indagar en nuestros orígenes es el hecho de redescubrir las relaciones con las personas que se han cruzado en nuestro camino.

Todos los padres lo saben. En cada momento importante en la vida de un niño —los primeros pasos, un cumpleaños, una función escolar, unas vacaciones— hallamos inevitablemente a un padre o una madre tomando una fotografía o rodando la escena. Asimismo, los niños piden insaciablemente a sus padres y otros familiares que les cuenten anécdotas de su propia infancia. Sienten una gran curiosidad sobre cómo eran y lo que hacían, y les gusta que sus padres y parientes les cuenten esos recuerdos una y otra vez. Esto se debe a que los niños necesitan unir las piezas de una historia, su historia, a fin de convertirse en unos seres humanos completos. El que los padres tomen fotografías y les cuenten anécdotas es un hecho tan difundido que parece universal, tan automático que parece instintivo, como alimentar y proteger a sus hijos. Preservar los recuerdos contribuye a procurar a los niños un sentido de identidad, además de la fuerza que comporta. Si sabemos de dónde provenimos, nos resulta más fácil decidir adónde queremos ir.

La memoria también es social. Existen lugares y paisajes en los que pervive la memoria de un pueblo, no sólo en lo que se refiere a las sociedades antiguas, sino a todo el mundo. Lo mismo ocurre con los festivales, los ritos, la música y las canciones, las fábulas, las costumbres. Constituyen un patrimonio que merece ser preservado. Lo mismo ocurre con la lengua, una auténtica obra maestra de la inteligencia humana, a la que un sinfín de individuos han contribuido a través de los siglos. ¿Y qué decir de la comida, posiblemente el vínculo más directo con una cultura? La comida contiene un mundo de emociones. Al igual que la lengua, la comida es el resultado de una evolución paulatina: los mejores platos siempre sobreviven a sus numerosas variaciones y experimentos. Cuando tomamos una determinada comida, percibimos una forma de sentir y saborear la vida.

Pero los paisajes con frecuencia están desfigurados por los horrendos edificios modernos; la música tradicional, las fábulas y las costumbres corren el riesgo de caer en el olvido; la lengua se empobrece; la comida tradicional es sustituida por insulsos platos de elaboración industrial, que comemos en lugares insulsos. Este proceso favorece el rendimiento económico y la eficacia, pero genera un mundo más frío y falto de carácter, un presente que está muerto antes de nacer. Es uno de los problemas más acuciantes de nuestro mundo contemporáneo.

Lo cual me recuerda una pequeña historia. Un día, en el centro de Florencia, una joven se dirigió a mí y me dijo: «Oye,

¿dónde está el Mac?». Detrás de la joven había un grupo de chicos de aspecto tan famélico como ella, que parecían necesitar hincar urgentemente el diente en una hamburguesa. En aquel momento comprendí lo importante que es preservar el pasado. Es una falta de respeto imperdonable que sigamos con nuestra vida, ignorando lo que las gentes que nos precedieron hacían y decían, sus sufrimientos, las cosas que creaban e incluso lo que comían. Y quienes se molestan en preservar el legado más creativo y bello que nos han dejado nuestros predecesores cumplen una noble tarea. Los jóvenes famélicos pretenden borrarlo todo de un plumazo engullendo un insulso plato de comida preparada. No, jovencita, no recuerdo dónde está el Mac, pero conozco un sitio donde sirven una pasta para chuparse los dedos.

¿Qué relación guarda la bondad con la memoria? Basta un pequeño experimento para comprobarlo. Piense en las personas que ha perdido —las que no son muy importantes— y tome nota de su reacción al recordarlas: gratitud, resentimiento, remordimientos, alegría, compasión, indiferencia... ¿En qué sentido forman parte de su vida?

No podemos ser benevolentes si olvidamos a quienes ya no nos son útiles. Nunca lograremos sentirnos completos y satisfechos, con nosotros mismos y con los demás, si dividimos a las personas en clase A y clase B. No comprenderemos las relaciones que mantenemos con los demás si no entendemos profundamente hasta qué punto nuestras vidas están entretejidas con el pasado, el presente y el futuro, hasta qué punto forman parte unas de otras, y hasta qué punto cada uno de nosotros es todos los demás.

Lealtad

No *pierda el hilo*

Hace tiempo, un violento terremoto sacudió el sur de Italia y redujo a escombros un gran número de viviendas que habían sido construidas hacía pocos años. Destinadas a reportar unos rápidos beneficios y mal construidas, las casas se derrumbaron con los primeros temblores. Otras casas, que habían sido edificadas ocho siglos antes por los normandos tuvieron más suerte. Fueron creadas para durar, para proporcionar un habitáculo seguro y confortable, y permanecieron indemnes.

Con las relaciones ocurre otro tanto. Las que existen sólo para beneficiar a alguien —dinero, placer, contactos sociales, prestigio, etc.— tienen unos fundamentos frágiles y duran tan sólo mientras sobrevive su motivo original. Otras gozan de una vida larga y saludable, como las casas normandas, porque están construidas para que duren, y porque las personas que las crearon no lo hicieron para obtener unos beneficios inmediatos. Así, ante las primeras sacudidas —problemas económicos, enfermedades, fracasos, conflictos personales— se mantienen firmes e incluso (aquí termina la analogía con las casas) más resistentes que antes. En estas relaciones lo que cuenta por encima de todo es no extraer del otro un beneficio tangible, sino esa grata sensación que proviene de ofrecer nuestra presencia, apoyo y amistad a lo largo del tiempo a una persona, pase lo que pase, aunque signifique un perjuicio para nosotros mismos. Porque es como debe ser. Esta capacidad de durar a pesar de los momentos difíciles y problemáticos es un ingrediente esencial de la bondad. Se llama lealtad.

Imaginemos a una persona que está en contacto con sus sentimientos y sus recuerdos. No ha aceptado ciegamente sus ideas y principios, sino que los ha ido asimilando poco a poco, a través de la reflexión y una esmerada selección. Sabe lo que cuenta en su vida, y se esfuerza en conseguirlo. Afronta los problemas y sufrimientos con coraje. Esa persona posee la materia prima necesaria para ser leal. Posee sustancia.

De hecho, no existe una persona carente de sustancia. Pero muchas personas no saben, no reconocen o no respetan el valor que poseen en su interior. Esto se debe a que han sido lastimadas y prefieren vivir superficialmente para evitar que vuelvan a herirlas. Estas personas cambian con facilidad de parecer y se dejan arrastrar por las modas o las circunstancias. Sus relaciones son fugaces porque se basan principalmente en el beneficio individual. Son oportunistas.

No se trata de buenos contra malos, sino de fuertes contra frágiles. Algunas personas conservan su integridad, y para ellas es natural ser leales y honradas. Saben lo que sienten, lo que desean y en qué creen. Su lealtad hunde sus raíces en terreno fértil y es fruto de la claridad y la fuerza interior.

A las personas que no son leales las aterroriza analizar sus sentimientos, pues temen lo que pueden hallar. Temen sostener unas ideas propias, pues eso equivale a arriesgarse demasiado. Su autoestima es baja, por lo que tienen que sobrevivir como mendigos, pidiendo apoyo aquí y allá. Al carecer de seguridad y carácter, les cuesta más ser leales.

Cuando perdemos la fuerza para arriesgarnos y comprometernos, vivimos en la superficie. Nuestra vida es caótica y absurda. Dante describe a los perezosos en el infierno —los incapaces de decidirse, de ser fieles a un ideal o a una persona— como unos individuos obligados a correr continuamente detrás de una bandera. El castigo simboliza de forma caricaturesca lo que debieron hacer cuando vivían: comprometerse sin reticencias. Forman una legión de personas, y Dante muestra mayor respeto incluso por los pecadores que han cometido graves faltas, pero que al menos eran fieles a sus ideas. Entre los perezosos existen también los ángeles que, cuando Lucifer cometió el pecado de orgullo contra Dios, no asumieron una postura clara. Son seres sin fe, sin sustancia, y tan numerosos, según Dante, que pueblan el universo.

A todos nos gusta tratar con personas leales. No obstante, es una cualidad que escasea. La lealtad es, de todas las cualidades, la que está menos en boga. No se realizan estudios sobre ella, mientras que abundan las encuestas sobre la «fidelidad a una marca». Esto constituye en sí un fenómeno sintomático de nuestros tiempos, por lo que merece ser analizado.

La «fidelidad a una marca» es la tendencia de un consumidor a utilizar siempre la misma marca de un producto. La palabra «fidelidad» está plenamente justificada, puesto que tendemos a formar una relación emocional con un producto. Todos conocemos a personas que se muestran entusiasmadas con sus cámaras fotográficas, o eufóricas cuando se menciona su coche favorito, o no pueden vivir sin la ropa de una conocida firma. Esto no tiene mucho que ver con la calidad del producto. Lo que cuenta es la marca, porque representa una forma de ser y un estilo de vida. Y de paso ofrece la garantía de pertenecer a un grupo.

Por lo demás, la marca posee la mágica cualidad de contener unas facultades y unos poderes que todos querríamos poseer. Compre estos zapatos, y caminará como si tuviera alas en los pies. Compre este licor, y pasará a formar parte de la aristocracia. Compre este perfume, y poseerá la belleza de una diosa. Está claro que los vendedores de un producto buscan cualquier medio para fidelizarnos, y están dispuestos a prometernos lo que sea con tal de conseguirlo. El consumidor debe seguir entregándoles dinero a ellos, no a sus competidores. Y cuanto más tiempo dure el vínculo con los consumidores, más se refuerza. Empieza muy pronto: la fidelidad a una marca es propiciada en la infancia, para que siga siendo una constante en años venideros.

La fidelidad a una marca no es un fenómeno superficial. Estoy convencido de que se basa en nuestra desesperada necesidad de confiar en alguien o algo, amar y ser amado, alcanzar estabilidad, protección, sentido de pertenecer a un grupo, significado. Por esto nos encariñamos con una marca, y las empresas se aprovechan de nuestra necesidad. Por esto nos dedicamos a reunir puntos, a lucir camisetas, relojes y sombreros con sus etiquetas, brindándoles una publicidad gratuita. Por esto preferimos un beneficio emocional a un beneficio tangible, práctico. *Necesitamos* ser leales.

¿A qué viene esta desesperada necesidad? La respuesta es bien simple: porque la continuidad y estabilidad de las relaciones se han convertido en una rareza. Vivimos en la era de la distracción, que es asimismo la era de la interrupción, y nos proponen continuamente pensar en algo distinto de lo que estábamos pensando. Los símbolos más significativos de esta era son el mando a distancia del televisor y el teléfono. El mando a distancia nos permite saltar de un tema a otro, de una historia de amor a las atrocidades de una guerra, pasando por un anuncio de pañales, con un mínimo esfuerzo. El teléfono, especialmente el móvil, posee el mágico poder de interrumpir cualquier relación o actividad —un acto de amor, un concierto, una cena familiar, una ceremonia religiosa—

con imperturbable descaro: «Me tiene sin cuidado lo que estés haciendo. Ahora tienes que escucharme». Y esto no es todo. Podemos iniciar una conversación telefónica, interrumpirla, iniciar otra, y por fin elegir la que más nos gusta. La publicidad que lanzó este servicio en Italia se ha hecho célebre: una joven coquetea con dos chicos al mismo tiempo, mientras cada uno de ellos cree que es el único chico en la vida de la joven. Una imagen perfecta de deslealtad. La joven resulta agradable porque es falsa. Pero a la vez es divertida y seductora, porque vivir en la superficie nos permite mantener abiertas nuestras opciones, por si nos rechazan o lastiman.

La distracción produce una pérdida de continuidad. «¿De qué estábamos hablando? Lo he olvidado. De todos modos no importa. He perdido el hilo, así que cambiemos de tema.» Las interrupciones nivelan y trivializan nuestras interacciones. Cuando te interrumpo, te obligo a descender a mi nivel, convirtiéndote en mi igual. Siempre ha habido interrupciones, pero en la época contemporánea la imponente superficialidad, las nuevas tecnologías y la aceleración en prácticamente todos los campos las han potenciado. Yo creo que la era de la interrupción comenzó cuando Coleridge estaba escribiendo «Kubla Khan». Coleridge se hallaba inmerso en un trance creativo, visualizando un incesante torrente de imágenes maravillosas y pensamientos poéticos, cuando de improviso se presentó un amigo con el que tenía negocios: la intromisión de la vida prosaica en el mundo de la poesía. Coleridge perdió el hilo y no consiguió terminar el poema que había concebido. Dos siglos más tarde, René Daumal, confinado en la cama debido a una enfermedad, casi había terminado de escribir su obra maestra *Mount Analogue*. En esta novela, la escalada de la montaña es una metáfora de la elevación espiritual. El protagonista acababa de coronar la cima y se disponía a alcanzar la iluminación. Pero alguien llamó a la puerta en esos momentos e interrumpió a Daumal. Nunca pudo terminar su libro. Al poco tiempo murió.

Lo cierto es que vivimos en unos tiempos de múltiples distracciones e interrupciones. Y vivimos en unos tiempos en que nuestra necesidad de ser fieles no halla expresión en una relación, sino que ésta es manipulada y explotada con fines comerciales. Es un estilo de vida en el que nos arriesgamos a perder la continuidad de una relación a través del tiempo. Perdemos el hilo.

La lealtad es todo lo contrario. Significa «estar con». Consiste en conservar el hilo, sin dejar que las distracciones o interrupciones presidan nuestra vida. Significa respetar lo que cuenta por encima de todo, y seguir haciéndolo a pesar de los obstáculos. Un escritor que yo conocía me contó este curioso episodio: un día se encontró con un científico, un hombre de gran cultura y vitalidad intelectual. Su conversación, muy variada y estimulante, fue interrumpida por una violenta tormenta. Ambos partieron a toda velocidad cada uno en un taxi. Al cabo de cinco años volvieron a encontrarse por azar. El científico, sin siquiera saludar al escritor, retomó el hilo de la conversación que habían mantenido en el punto exacto en el que habían sido interrumpidos cinco años atrás. La fidelidad y la lealtad cumplen los mismos objetivos: no sólo con la mente, sino con el corazón.

Veamos un ejemplo. Recuerdo que, de niño, fui a Estados Unidos con mi familia. En aquellos tiempos, en la década de 1950, viajábamos por mar. Íbamos a pasar sólo unos pocos meses, pero había también un grupo de emigrantes que partían para siempre. La travesía entre los dos continentes era infrecuente y costosa. Uno no viajaba a América todos los días. El barco levó anclas y zarpó, avanzando lentamente, mientras una banda en el muelle tocaba una música conmovedora. Desde el barco vimos a las familias de los emigrantes despidiéndose de ellos con la mano, sabiendo que no volverían a verlos en muchos años, quizá nunca. Jamás olvidaré sus rostros. Pero en esa inmensa tristeza, vi una gran fortaleza de ánimo. Aunque no tengo pruebas, estoy convencido de que esas familias eran capaces de mantener unas relaciones duraderas. Estoy convencido de que al cabo de veinte o treinta años sus afectos, después de atravesar múltiples vicisitudes, permanecían intactos.

Al igual que nos separamos de alguien, volvemos a reunirnos con esa persona. En un acontecimiento excepcional publicado en la prensa hace unos años, un grupo seleccionado de ciudadanos de Corea del Norte obtuvieron permiso, al cabo de unos cincuenta años, para volver a ver a sus familias en Corea del Sur. Hijos, hijas y padres, tías, tíos, sobrinas y sobrinos, que habían permanecido separados debido a la forzada división entre las dos Coreas, pudieron reunirse durante unas horas en una espaciosa sala. Las fotografías, que mostraban las expresiones de unas emociones muy intensas, decían más —gritaban más— que lo que es capaz de transmitir cualquier trabajo de investigación o estudio. Indicaban con firmeza que los afectos profundos, cuando no los reprimimos ni ignoramos, permanecen anclados en el corazón y perduran toda la vida.

Retomemos nuestra pregunta anterior: ¿por qué experimentamos una necesidad tan profunda de lealtad, la que seguimos buscando incluso en esta era de la distracción? Una posible respuesta es que la lealtad tiene unos orígenes antiguos, prenatales. La lealtad está vinculada a nuestra relación con nuestros padres, en especial con nuestra madre. Nuestra madre mantiene una relación singular con nosotros. Nos ha creado literalmente y nos ha llevado en su vientre durante meses. Nos ha amamantado, protegido y criado. Ha sido la primera persona que nos ha amado. Al menos, así es como _madre hijo_

debe ser y esperamos que sea siempre. En esta relación existe, o debe existir, lealtad en su forma más pura, un apoyo infinito, no a cambio de beneficios, no debido a un don o talento que podamos poseer. Tanto si somos guapos o feos, sanos o enfermos, inteligentes o estúpidos, nuestra madre nos ha amado; en todo caso, confiábamos y necesitábamos que nos amara. Es una necesidad inherente a nuestros circuitos. Estamos programados para ofrecer y recibir lealtad.

Todos sabemos que estas esperanzas se malogran, si no por culpa nuestra, debido a otras personas: amigos, amantes, cónyuges, hijos. Sabemos que el mundo de las emociones cambia continuamente y que el entusiasmo de hoy puede dar paso a la indiferencia o la antipatía mañana. En una historia extraída del maravilloso poema de Attar, titulado «La conferencia de los pájaros», una hermosa pero caprichosa princesa ve a un joven mendigo dormido sobre una piedra junto a la carretera. La princesa se siente atraída por él y ordena que lo lleven a su palacio. Las doncellas de la princesa conducen al joven al palacio, le aplican un masaje con preciosos ungüentos, le visten con ropas de la más fina seda y por último le conducen, aturdido y perplejo, ante la princesa. Ambos comen juntos. Para el desdichado joven, que siempre está hambriento, la comida es una bendición. Posteriormente, hacen el amor y gozan de una noche de éxtasis. Por fin, la princesa se cansa de la presencia del joven, que está dormido, y ordena a sus doncellas que le depositen de nuevo sobre la piedra donde lo hallaron. Cuando el pobre se despierta, recuerda con toda nitidez los sublimes placeres de la noche anterior. Es como despertar de un sueño extraordinario a la dura realidad de la vida cotidiana. La princesa ya se ha olvidado de él. O quizá ésta nunca existió. Pero la piel del joven aún exhala los fragantes y regios perfumes.

La historia de la princesa voluble simboliza la gracia de Dios. Cuando aparece en forma de una iluminación espiritual, es inesperada, y cuando desaparece, nos deja sumidos en la dura e ingrata realidad. Pero al mismo tiempo sirve para recordarnos lo efímero de las relaciones humanas. La lealtad nunca está garantizada, los desengaños abundan. En la era de la distracción, la lealtad es una rareza. Por este motivo, cuando la hallamos nos parece muy valiosa.

Aparte de la relación con la madre, el terreno en el que solemos hallar lealtad es la amistad. «Llévame en tu corazón», dice Horacio a Hamlet. Ésta es la frase que, según Stuart Miller, que ha escrito un magnífico libro sobre el tema, mejor define la amistad. Llevar a un amigo en nuestro corazón —sin juicios de valor, sin exigencias— sencillamente porque queremos a esa persona, y porque nos interesa lo que opina sobre nuestras ideas, y porque sabemos que está dispuesto a escucharnos, comprendernos y apoyarnos. Aunque en la amistad hay otros factores en juego, su esencia es la lealtad.

La amistad cura y regenera. Todos lo sabemos. Y si necesitamos un estudio científico que lo demuestre, aquí lo tenemos: pidieron a varias mujeres que estaban deprimidas que, en lugar de acudir a unas sesiones psicoterapéuticas, confiaran sus problemas a un amigo o de una amiga una vez por semana. En la mayoría de las mujeres la depresión desapareció en el mismo espacio de tiempo que en un grupo de control, que se sometía semanalmente a unas sesiones psicoterapéuticas. Otro estudio ha demostrado la importancia de la amistad en la adaptación de los niños a la escuela y su rendimiento académico. Otros trabajos de investigación han demostrado la gran importancia de la amistad en nuestra salud y bienestar. Perfecto. Pero aunque desconozcamos estos estudios, todos sabemos que hallar un amigo leal es como hallar un tesoro.

La lealtad va unida a la fiabilidad y fidelidad. Son unas cualidades aliadas con la constancia y la sinceridad de los afectos. En el terreno profesional hablamos de fiabilidad. En este caso no hallamos los mismos sentimientos que en las relaciones entre niños y padres o entre amigos. Pero la fiabilidad es también muy deseable. Cuando pienso en los momentos en mi vida en que me demostré una menor y una mayor fiabilidad, recuerdo dos situaciones. Una fue al comienzo de mi carrera, cuando estaba previsto que yo dirigiera un cursillo de cinco días en un instituto. Estaba agotado incluso antes de empezar, y el día antes de que se iniciara el cursillo decidí llamar y cancelarlo. Como nadie atendió la llamada, dejé un mensaje en el contestador automático, tras lo cual me lavé las manos del asunto. Causé considerables problemas, aunque, dada mi limitada experiencia profesional, en aquellos momentos no reparé en ello. Aun hoy, cuando lo recuerdo, pese a que en su momento me disculpé reiteradas veces, me siento turbado.

En cambio, el momento que demostré una mayor fiabilidad fue en cierta ocasión en que tuve que dar una conferencia durante una intensa helada en Florencia. Toda la ciudad estaba inmovilizada por una gigantesca tormenta de nieve. Cuando nieva en Florencia, todo se paraliza, pero en esa ocasión fue mucho peor. Hacía un frío polar, la gente apenas podía salir de su casa, los transportes públicos no funcionaban y no podías conducir por las calles. Pero yo decidí acudir de todos modos, a pie, bajo la nieve. Tardé dos horas en llegar. Di la charla ante un puñado de personas. Cuando lo recuerdo, me alegro de haberlo hecho. Sé que hice lo correcto y me siento satisfecho de mí mismo.

Esto es lealtad; en primer lugar, lealtad a nosotros mismos. La fiabilidad consiste ante todo en la coherencia interna. La fidelidad es lealtad a nuestros propios sentimientos. Cuando somos leales y fiables, sentimos una integridad fundamental que nos procura una sensación de bienestar. Cuando somos desleales o poco fiables, quizá obtengamos una ventaja inmediata, pero antes o después nos sentiremos fragmentados y culpables. Hemos visto en capítulos anteriores que cuando no perdonamos nuestra salud se resiente, y que cuando mentimos nos sentimos estresados. Asimismo, cuando no cumplimos nuestras promesas, cuando traicionamos a alguien, cuando nos aprovechamos de una relación, asumimos una actitud que, más que perjudicar a otros, nos perjudica a nosotros mismos.

La lealtad es un valor tan poderoso que si no lo respetamos, nos exponemos a llegar a un atolladero; nos arriesgamos a que nuestros planes, descubrimientos y percepciones se conviertan en banales o nos causen sufrimiento. Hay una historia hasídica tradicional sobre dos jóvenes que son muy amigos. Uno de ellos cae enfermo y comprende que está a punto de morir. A diferencia de su amigo, que se desespera, el joven enfermo acepta la muerte con serenidad. Toma a su amigo de la mano y le dice: «No podemos luchar contra la muerte. Pero no temas. Regresaré para afirmar nuestra amistad, para relatarte mi viaje, para decirte que te quiero. No te abandonaré». Tras estas palabras el joven muere. Las puertas del cielo se abren para él y las grandes verdades se le revelan, una tras otra. El muchacho comprende el significado de la vida y alcanza el lugar donde el espacio y el tiempo, con sus crueles imposiciones, dejan de existir. Pasa a formar parte de la eternidad. Pero de improviso cae en la cuenta de que algo va mal. Comprueba que vuelve a ser prisionero del espacio y el tiempo. Se siente oprimido, pero no se explica el motivo. Entonces le informan que su malestar se debe a que no ha cumplido la promesa hecha a su amigo, que no ha regresado para relatarle su viaje. Aún puede hacerlo, hablando a su amigo a través de los sueños de éste. Pero su amigo (para quien ha transcurrido mucho tiempo) se ha sentido abandonado y ha perdido la fe. Se ha vuelto cínico, ya no cree en sus sueños. Su difunto amigo todavía puede remediar la situación. Tras escalar hasta el nivel más alto el Templo de la Verdad, regresa junto a su amigo. Le habla sobre las maravillas que ha contemplado, le da el beso del Paraíso. El amigo recibe esta bendición, reafirma su deseo de vivir y recupera la fe.

¿Cómo es posible que la lealtad de un amigo nos dé fuerzas y esperanzas? El motivo es que en esta cualidad vemos la auténtica dimensión de una persona. Cuando somos leales en momentos difíciles, demostramos lo mucho que queremos a una persona, demostramos cómo somos realmente. Es fácil ser leal y fiel a alguien cuando todo va bien. Pero cuando esa persona se muestra desagradable, o aburrida, cuando no obtenemos ninguna ventaja viéndola y tenemos asuntos más importantes que atender, pero seguimos siendo leales, es entonces cuando mostramos nuestra sustancia, nuestra auténtica personalidad.

A veces percibimos la lealtad de inmediato, en la belleza de un rostro, en una actitud o una palabra. En otras ocasiones sólo la prueba del tiempo demuestra si una persona es o no es leal. En cualquier caso, la lealtad confiere sustancia y fuerza a la bondad. En un mundo con frecuencia distraído e indiferente, es un valor impagable.

Gratitud

El sistema más sencillo de ser feliz

Érase una vez un hombre que detestaba su trabajo.

Era cantero y trabajaba de sol a sol por un mísero jornal. «Qué vida tan dura —pensaba—. ¡Ojalá fuera rico y pudiera holgazanear todo el día!» Su deseo era tan intenso que por fin se cumplió. El cantero oyó una voz que decía: «Eres lo que deseas ser». Se hizo rico e inmediatamente pudo gozar de lo que siempre había deseado: una espléndida mansión, comida suculenta y toda clase de diversiones.

El hombre se sentía feliz. Hasta que un día vio pasar a un rey y su séquito y pensó: «Es más poderoso que yo. ¡Ojalá estuviera en su lugar!» El hombre oyó de nuevo la voz y se convirtió, como por arte de magia, en rey. Ahora era el hombre más poderoso del mundo. ¡Qué apasionante es el poder! Todos le obedecían, todos le temían. El hombre se sintió satisfecho durante un tiempo, pero su felicidad duró poco. Lentamente se apoderó de él una insidiosa insatisfacción. «Deseo más», pensó. Su ambición era inagotable. Un día contempló el Sol en el cielo y pensó: «El Sol es más poderoso que yo. ¡Deseo ser el Sol!»

El hombre se convirtió en el Sol: grande, poderoso, espléndido. Gobernaba la Tierra y el cielo. Nada podía existir sin él. ¡Qué dicha! ¡Y qué importancia! Pero entonces observó que las nubes situadas debajo de él le impedían contemplar el paisaje. Eran ligeras y se movían. En lugar de consistir en una forma fija en el cielo, adoptaban una gran variedad de formas, y al anochecer presentaban unos colores extraordinarios. No tenían preocupaciones y eran libres. Una situación envidiable.

Su envidia no duró mucho. De nuevo oyó la voz: «Eres lo que deseas ser». Y se convirtió en el acto en una nube. Era muy grato estar suspendido en el aire, móvil y ligero. Gozaba asumiendo distintas formas, ora gruesa y opaca, ora opulenta y blanca, ora fina como un bordado. Pero antes o después la nube se condensó en unas gotas de lluvia que cayeron sobre una roca de granito.

¡Vaya impacto! La roca había permanecido ahí durante siglos, dura y sólida. Las gotitas de agua cayeron sobre el granito y se deslizaron hasta el suelo, donde fueron absorbidas por la tierra y desaparecieron para siempre. «¡Qué maravilloso ser una roca!», pensó el hombre.

En el acto se convirtió en una roca. Durante un tiempo disfrutó de su vida como una roca. Por fin había hallado estabilidad. Ahora se sentía seguro. «A fin de cuentas, lo que busco es seguridad y estabilidad, y nadie podrá moverme de aquí», pensó el hombre. Las gotas de lluvia caían sobre la roca y se deslizaban por sus costados. Era un masaje agradable, un don. El Sol le acariciaba y calentaba con sus rayos, lo cual era magnífico. El viento le refrescaba. Las estrellas velaban por él. Había alcanzado la dicha completa.

Bien, no del todo. Un día vio aproximarse una figura por el horizonte. Era un hombre, ligeramente encorvado, que portaba un enorme martillo. Era un cantero, y empezó a golpearle con su martillo. Peor que dolor, el hombre sintió estupor. El cantero era más fuerte que él, capaz de decidir su destino. «¡Ojalá fuera un cantero!», pensó.

Así fue como el cantero se convirtió de nuevo en cantero. Después de ser todo lo que había deseado ser, volvió a convertirse en lo que siempre había sido. Pero esta vez se sintió feliz. Cortar piedras se convirtió en un arte, el sonido del martillo era música, la fatiga que sentía al término de la jornada le producía la satisfacción del trabajo bien hecho. Esa noche, en sus sueños, el hombre tuvo una maravillosa visión de la catedral que sus piedras contribuían a construir. Pensó que no había nada mejor en la vida que ser lo que él era. Era una magnífica revelación que comprendió que jamás olvidaría. Era gratitud.

El cantero de esta historia experimenta un cambio fundamental. Pasa de una constante insatisfacción («deseo esto, deseo lo otro») a la gratitud («me siento agradecido por lo que tengo»). En lo primero hay una dualidad, porque deseamos lo que no poseemos. Pedimos, creyendo que tenemos derecho a hacerlo. A veces pedimos con pasión, incluso arrogancia, y cuando lo obtenemos, deseamos otra cosa. Consideramos a los demás nuestros competidores, los miramos con recelo.

En el segundo estado nos sentimos satisfechos de lo que recibimos. Creemos que es el momento que hemos aguardado siempre. Que hace que la vida merezca ser vivida. Los demás son nuestros amigos, no unos competidores. Sentimos que cada célula de nuestro cuerpo da gracias. William Blake lo expresó perfectamente: «La gratitud es el paraíso».

La intensidad emocional de la gratitud, su pureza, nos maravilla. Pero la emoción no es sino el aspecto más visible de la gratitud. La gratitud es ante todo una actitud mental. Se basa en reconocer el valor de lo que la vida nos ofrece. Lo que antes no tenía valor, ahora lo tiene, y el hecho de comprenderlo libera nuestras emociones.

Si reconocemos el valor de lo que poseemos, nos sentimos ricos y afortunados. Si no lo reconocemos, nos sentimos pobres y desgraciados. Es frecuente sentirse como el cantero en su primera actitud: la insatisfacción nos corroe, no dejamos de protestar. Según algunos psicólogos, la depresión no está causada por lo que nos ocurre, sino por lo que nos decimos un día tras otro, nuestro monólogo interior. Si criticamos continuamente, a nosotros mismos y a los demás, si sólo vemos los fallos y nos compadecemos de nosotros mismos, nos sentiremos inevitablemente desgraciados.

La facultad de ver lo que tiene valor incluso en situaciones corrientes y vulgares es esencial para nuestra felicidad, o en todo caso para nuestro bienestar. Algunas personas parecen tenerlo todo en la vida, pero se sienten insatisfechas porque no ven el valor de lo que tienen y se obsesionan con lo que desean o lo que las hace desgraciadas. Otras, por el contrario, quizá menos afortunadas, aprecian las cosas sencillas que muchos damos por descontado: tener salud, un día soleado, una sonrisa.

La posibilidad de sentirse agradecido está a nuestro alcance en todo momento. Pero con frecuencia desaprovechamos esta oportunidad. Esto se debe a que para ser agradecidos debemos bajar nuestras defensas: un asunto peliagudo. Debemos renunciar a nuestro orgullo para reconocer que nuestra felicidad depende de otra persona. A muchos les disgusta depender de otros. Yo conocía a un hombre que era incapaz de recibir regalos. Cada vez que alguien le regalaba algo, un libro o una corbata, dejaba el objeto olvidado en cualquier parte, como si temiera estar en deuda con esa persona. Esa actitud no sólo le impedía disfrutar del libro o de la corbata, sino de abrirse a otra persona.

Ser agradecido significa mostrarse como es uno. Recuerdo un día, hace unos años, en que una amiga australiana, que viajaba por Europa, vino a visitarnos a mi mujer y a mí. Decidimos llevarla a Vinci, para pasar un rato en la ciudad natal de Leonardo, una gloriosa tarde de septiembre, entre los olivos, recordando a un genio. Al término de la visita nuestra amiga se despidió de nosotros con esta sencilla palabra: «Gracias». En esos momentos vi en sus ojos pura gratitud. Mi esposa y yo no habíamos hecho ningún esfuerzo especial, había sido un placer. Nuestra amiga había gozado de la visita y le había dado un gran valor. En años sucesivos la vimos en varias ocasiones, pero siempre que pienso en ella recuerdo ese día, ese momento de gratitud. ¿Por qué? Cuando nos sentimos agradecidos, todas nuestras defensas caen y nos mostramos como somos. En ese momento yo percibí en nuestra amiga su esencia.

La gratitud es por definición antiheroica. No depende del coraje, de la fuerza o del talento. Se basa en el hecho de que estamos cargados de defectos. Si no nos lo ocultamos a nosotros mismos, podemos recibir todo lo bueno que la vida nos ofrece y podemos sentirnos agradecidos. La gran sensación de alivio que nos produce la gratitud deriva de comprender que no podemos arreglárnoslas nosotros solos, que no debemos esforzarnos en ser superhombres o supermujeres, y que, aunque no seamos brillantes, estamos bien así.

Pero un momento. ¿Acaso debo sentirme agradecido a todo el mundo, al vecino que pone música rock a todo volumen a las tantas de la noche, al guardia que me pone una multa injustificadamente, a la persona que ha escupido el chicle que acabo de pisar? ¿Debo sentirme agradecido (aquí llegamos al meollo de la cuestión) si mi hijo toma drogas duras, o mi negocio se va a pique, o un amigo contrae una enfermedad incurable? ¿Cómo debemos encajar los males que nos acompañan a lo largo de nuestra vida? ¿Cómo debemos afrontar las tragedias que para muchos de nosotros están lejos, pero tan terriblemente cercanas que nunca nos abandonan: niños maltratados, presos políticos torturados, guerras incesantes, hambre y sed, las calamidades y desgracias del planeta?

La gratitud no significa gozar de nuestros placeres olvidándonos de los demás. La auténtica gratitud nace sólo cuando están presentes la solidaridad y la conciencia del mal; de lo contrario, no se trata de gratitud, sino de consumismo y de un optimismo falso o superficial. Por extraño que parezca, si todo fuera siempre bien, daríamos por descontado lo que es hermoso y no apreciaríamos plenamente los dones de la vida. Nos comportaríamos como niños mimados que han recibido tantos regalos que se han aburrido de ellos. A veces son los dramas de la vida los que nos hacen descubrir la gratitud.

Es una paradoja: cuando estamos enfermos, apreciamos la salud; cuando hacemos las paces después de una violenta disputa, redescubrimos la amistad; cuando estamos a punto de morir, amamos la vida. Esto ocurre también en una dimensión más amplia. Un estudio realizado a lo largo del tiempo, basado en 4.817 respuestas, pedía a los participantes que valoraran su personalidad. Si comparamos las respuestas anteriores al 11 de septiembre y dos meses después, observamos un incremento en siete aspectos: gratitud, esperanza, bondad, liderazgo, amor, espiritualidad y colaboración en grupo. Diez meses después del ataque contra las Torres Gemelas el incremento persistía, pero en menor grado que antes. No contamos con ello ni se lo deseamos a nadie, pero todo indica que un fuerte impacto emocional despierta nuestros recursos aletargados.

Por fortuna, existen unos caminos más sencillos para alcanzar la gratitud. Sólo tenemos que mirar con más atención. En los pliegues ocultos de nuestra vida podemos hallar unos tesoros olvidados o insospechados, los cuales no hemos apreciado por falta de tiempo o porque no les hemos prestado la debida atención. Son los dones de la vida, algunos aparentemente banales, otros especiales. Si estamos distraídos, no los vemos; si reparamos en ellos, nos sentiremos más felices.

Mi hijo Emilio, de once años, había invertido sus ahorros en una colección de modelos de aviones. Antes de hacer que vuelen es preciso montarlos. Al abrir la caja, mi hijo se llevó un chasco: la caja era magnífica, pero el contenido le decepcionó. Los modelos eran de mala calidad, las instrucciones complicadas, en suma, una estafa. Emilio estaba disgustado. Yo le comprendía: se parece a mí, la mala calidad le enfurece. No sabía qué hacer. Quería consolarlo. ¿Debía ofrecerle el dinero que se había gastado? ¿O comprarle unos aviones de mejor calidad? Como no estaba seguro, me mantuve al margen. Emilio abandonó el proyecto. Al cabo de unos días su amigo Andrea vino a nuestra casa y vio los aviones. «¡Jopé! ¡Qué aviones tan guays! ¡Tienen unos colores fabulosos! ¡Chico, qué suerte tienes! ¿Cómo es que no los has montado todavía?» Observé la cara de Emilio. Observé cómo giraban las ruedecitas de su mente: su cociente de gratitud aumentaba de forma exponencial. Los dos chicos se pusieron manos a la obra. Les importaba poco que los aviones fueran de mediocre calidad y enseguida descartaron las instrucciones. Al cabo de unos minutos los chicos salían al jardín para hacerlos volar. Lo que antes había sido una estafa, ahora se había convertido en un tesoro. ¿No podríamos hacer nosotros lo mismo con nuestros aviones de juguete?

Por supuesto. Y si lo hacemos, comprobaremos que la gratitud potencia nuestra salud y nuestra eficacia. Para un estudio reciente se utilizó a tres grupos de sujetos: los del primero tenían que anotar sólo las irritaciones y frustraciones a lo largo de una semana. Los del segundo tenían que anotar todos los acontecimientos memorables. Los del tercero tenían que anotar cinco motivos para sentirse agradecidos. El experimento se repitió cada semana durante diez semanas. Los participantes fueron distribuidos de forma aleatoria en los tres grupos. Al concluir el experimento los sujetos que habían anotado motivos para sentirse agradecidos eran los que se sentían más satisfechos de su vida en general, tenían unas expectativas más optimistas sobre el futuro, se sentían mejor físicamente y creían haber hecho más progresos para alcanzar sus metas. Todo indica que la gratitud no sólo es un factor importante para nuestra felicidad, sino para nuestra salud y eficiencia.

Este hallazgo no debe sorprendernos. Las personas agradecidas reconocen su riqueza interior y consolidan una relación. Ésta es la base de la buena salud. Cuando uno de mis pacientes que se somete a un tratamiento psicoterapéutico se siente agradecido, sé que está curado. A mi modo de ver es el criterio más preciso para calibrar la mejoría de una persona. Demuestra que sus canales de comunicación están abiertos, que no se sobrestima (sabe que necesita a los demás) ni se subestima (sabe que merece lo que tiene). Significa que es capaz de ver el valor de su situación presente, que sabe apreciar lo bueno en su vida. ¿Qué más podemos pedir?

Ser amable sin ser agradecido es arriesgado, quizás imposible. Las personas que no saben recibir, y no se sienten agradecidas por lo que poseen, tienen problemas a la hora de mostrarse amables. Se creen unos grandes benefactores, piensan que todo el mundo debería estar en deuda con ellos. Se vuelven condescendientes. Asimismo, les cuesta más apreciar los aspectos sutiles y aparentemente insignificantes, como una sonrisa, media hora en compañía de alguien, un comentario divertido. Sólo valoran los regalos concretos y mensurables, como un reloj o una pluma estilográfica. Pero la bondad no encaja en una hoja de resultados.

La gratitud se olvida pronto, pero también se evoca con facilidad. Le propongo un interesante experimento: pensar en todas las personas más importantes de su vida, aquellas a las que debe sentirse agradecido. Lo complicado de este experimento es que las personas a las que nos sentimos agradecidos suelen ser aquellas por las que sentimos resentimiento, por ejemplo nuestros padres. El resentimiento con frecuencia empaña la gratitud, pero la gracia de este experimento consiste en dejar de lado nuestros reproches, por grandes que sean, y concentrarnos en los aspectos positivos, por pequeños que sean.

Pensemos en las personas a las que nos sentimos agradecidos. Hay muchas personas —más de las que imaginamos— que seguramente nos han hecho un favor, aunque no seamos plenamente conscientes de ello: padres, amigos, maestros, amores y en general todos los que han hecho que nuestra vida sea más agradable, como el cartero que nos trae el correo cada día o el taxista que nos cuenta un chiste divertido.

Si nos paramos a reflexionar, hallaremos muchas más de las que imaginamos, porque la vida se compone de favores pequeños y grandes, no sólo de grosería y arrogancia. Ciertamente, todos portamos las heridas de la injusticia y el ultraje. Esto lo sabemos bien. Lo que olvidamos, precisamente porque es obvio, es que incluso las vidas de aquellos que se consideran más desgraciados y abandonados están entretejidas con las de otros y no podrían existir sin su apoyo.

Si pienso en todas las personas a las que debo sentirme agradecido, ocurre algo muy interesante. Poco a poco caigo en la cuenta de que todo cuanto tengo proviene de otras personas. De mis padres he recibido un apoyo maravilloso. Mis maestros me han dado los instrumentos esenciales para mi trabajo, ideas e inspiración. Mis amigos me han ayudado a sentirme satisfecho de mí mismo. Los colegas me han enseñado los trucos de la profesión. Otras personas me han abierto unos mundos cuya existencia apenas sospechaba, o me han enseñado la importancia de apreciar a los demás. Mi esposa y mis hijos me han dado amor e innumerables sorpresas. Y esto no es más que el principio. Poco a poco, a medida que continúo, me percato de que todo cuanto tengo —bienes materiales, aptitudes, rasgos de carácter, ideas— proviene de otros o han sido evocados por la presencia de otros.

Poco a poco comprendo que cada ladrillo de mi casa me lo ha dado alguien, que mis ladrillos han contribuido, a su vez, a la construcción de muchas otras casas. ¿Cómo me siento? ¿Herido en mi amor propio, amenazada mi autosuficiencia, en deuda con todo el mundo? En absoluto. Al revés: cambia mi imagen de mí mismo y de los demás. Nos han educado para creer que somos unos individuos con unos límites bien definidos, que sólo tenemos que arremangarnos y ponernos manos a la obra para perfeccionarnos y crear algo que merezca la pena. Forma parte de la cultura occidental. Algunos incluso creemos que no le debemos nada a nadie. Nos vemos a nosotros mismos como bolas de billar: un individuo rodeado por otros individuos.

Pero es una imagen falsa. Más bien nos parecemos a las células, recubiertas de una membrana permeable, vivimos en un continuo intercambio y dependemos de las otras células para sobrevivir. La gratitud es una visión realista de lo que somos. El crédito y el débito corresponden a una mentalidad contable, a la imagen de las bolas de billar. En este caso el intercambio es continuo, y determina lo que somos y cómo vivimos. Si empezamos a razonar de esa forma, nos sentimos más relajados. La gratitud deja de ser un hecho excepcional, para convertirse en un sentimiento básico. Y si la ingratitud significa frialdad, cierre y distancia, la gratitud es calidez, receptividad, intimidad. La vida resulta más fácil. No nos afanamos en demostrar lo listos que somos. Dejamos de gemir y de quejarnos. No tenemos que emprender batallas sangrientas, ni tratar de alcanzar victorias imposibles. Comprobamos que la felicidad ya está aquí. Que ya existe, insospechada. Delante de nuestros ojos.

Servicio

Una oportunidad maravillosa

Estoy de pie en la barra, esperando que me sirvan un *cappuccino*. A mi lado hay una atractiva joven, pelirroja y con pecas, evidentemente extranjera, que ha pedido también un *cappuccino*. El camarero que sirve en la barra es un joven moreno con el pelo rizado, que deposita ante la muchacha la taza de café con aire despreocupado. El café tiene una bonita espuma en la superficie, con un cremoso corazón perfectamente dibujado en el centro. Yo observo la reacción de sorpresa de la joven. No está acostumbrada a recibir un corazón para desayunar. El camarero no dice nada, ni siquiera la mira. Luego me sirve mi *cappuccino*, sin un corazón, un café normal y corriente. Simplemente una bebida, sin un mensaje de amor.

Confieso que estos dos jóvenes me inspiran cierta envidia. Pero eso no importa. Lo importante reside en el interior de ellos, en su mundo secreto. No sé cómo acabó ese episodio, sólo puedo hacer unas conjeturas. La hipótesis más cínica es que el camarero lleva a cabo ese truco varias veces al día, cada vez que aparece una atractiva joven, y que antes o después termina ligando con una de ellas. Y que la pelirroja, acostumbrada a los halagos, no concede demasiada importancia al asunto. Pero en realidad no creo que ocurriera así.

Prefiero pensar que la mujer salió del bar y realizó el recorrido turístico de la ciudad, con frecuencia tan anónimo y frío para sus numerosos visitantes, animada y de buen humor. Quizás ese día asimiló mejor la belleza de la ciudad y se sintió más feliz. Y ello debido, en una de sus infinitas posibilidades, y asumiendo la improbable forma de un *cappuccino*, a que el espíritu del amor la había conmovido.

Quizá la joven pelirroja recuerde ese pequeño episodio durante muchos años. Porque cuando alguien tiene un gesto amable con nosotros, solemos recordarlo durante mucho tiempo, quizá siempre. Por ejemplo, siendo yo niño, mi madre y mi tía nos llevaron a mi hermana y a mí a un largo viaje por Estados Unidos. En aquellos tiempos ese tipo de viajes era infrecuente. Estados Unidos era un país desconocido, incluso un tanto peligroso (o eso creíamos) para quienes lo visitaban por primera vez y no conocían el idioma. Lo atravesamos en tren y tuvimos que hacer transbordo en Chicago. Cuando llegamos a esa ciudad, averiguamos no sólo que los dos trenes pertenecían a dos empresas distintas, sino que la llegada de uno y la partida del siguiente tenía lugar en dos estaciones. Disponíamos sólo de una hora para cambiar de trenes en un lugar donde todo nos resultaba extraño.

El transbordo constituyó una aventura extraordinaria (abordamos el segundo tren por los pelos) y la parte que permanecerá impresa para siempre en mi memoria se produjo en un vetusto y destartalado ascensor, cuyo descenso fue tan lento que se me antojó interminable. Los cuatro, dos mujeres y dos niños, nos sentíamos perdidos y aterrorizados. Recuerdo de esos momentos que unas personas nos hablaron, lo cual nos tranquilizó, y nos ayudaron indicándonos adónde debíamos dirigirnos y lo que debíamos hacer. Algunas se dirigieron a mi hermana y a mí, y una de ellas dio a mi hermana una muñeca de trapo, que sacó de no sé dónde. El descenso en aquel desvencijado ascensor que no dejaba de rechinar fue un viaje a otra dimensión, al margen de los horarios y las prisas, durante el cual conocimos a unas personas que nos infundieron serenidad. Al cabo de muchos años, todavía lo recuerdo con gratitud.

Lo que me interesa de este tipo de historias, y de muchas otras que recuerdo, es la increíble variedad de formas en que todos podemos hacer que otros seres humanos se sientan mejor. Veamos algunos ejemplos:

— Un amigo le cuenta un chiste para animarle.
— Usted necesita tiempo y tranquilidad: un alma bondadosa se ofrece para cuidar de sus hijos, arreglar su casa y preparar la cena.
— Usted padece un dolor de muelas atroz y el dentista resuelve el problema de manera rápida e indolora.
— Alguien le escucha y comprende perfectamente. Usted se siente en paz consigo mismo.
— Un maestro, un psicoterapeuta o un guía espiritual estimula en usted unas aptitudes que no sospechaba que poseía.
— Un libro le ofrece nuevas perspectivas.
— Asiste a un concierto, y la música es tan hermosa que le conmueve y transforma.

Y así sucesivamente. Existen infinitas formas, implícitas o explícitas, microscópicas o gigantescas, episódicas o duraderas, superficiales o sustanciales, de aportar a la vida de otra persona algún beneficio, alivio, alegría, esperanza, bienestar, crecimiento intelectual o espiritual, éxtasis. Esta clase de relación no es una excepción angélica en un mundo sórdido lleno de individuos egoístas y agresivos. Por el contrario, se trata de un hecho normal que con frecuencia forma parte de nuestras interacciones cotidianas, que constituye la base de la bondad. Es prestar un servicio.

Por fortuna, también existe la posibilidad de prestar un servicio en pequeños detalles, insignificantes, como sostener la puerta para dejar que pase alguien, demostrar nuestro aprecio, ofrecer nuestro asiento en el autobús. Una historia hebrea se refiere a Reb Nachum, un hombre de negocios egoísta que sólo piensa en ganar dinero y estafar a otros. Una noche, cuando regresa a casa en su carruaje, ve junto al camino a un pobre labriego cuyo carro se ha quedado atascado en el barro. Por más que el labriego empuja, no logra sacar el carro del barrizal. Va vestido con sus mejores ropas, pues es sábado. Pero está agotado y trastornado porque no consigue mover su carro. Reb Nachum se apea de su coche y ayuda al labriego. Entre ambos no tardan en resolver el problema. Cuando se despiden, Reb Nachum observa una mancha de barro en la ropa del labriego y casi sin pensar la retira con un rápido papirotazo. «¡Ya estás listo para asistir a la ceremonia del sábado!», dice, y se marcha. Tras lo cual reanuda su vida normal.

Al cabo de muchos años Reb Nachum muere y comparece ante Dios para ser juzgado, flanqueado por un ángel acusador y un ángel defensor. El ángel acusador repasa su vida y encuentra abundante material. Reb Nachum se ha dedicado única y exclusivamente a amasar fortuna, sin preocuparse de su esposa y sus hijos; no tenía amigos, no ayudó a la comunidad, cometió actos deshonestos y abusó de su poder. El ángel coloca todas esas faltas en el lado acusador de la balanza, que se inclina hacia ese lado. El ángel de misericordia no sabe qué hacer. Examina la vida de Reb Nachum, pero no encuentra nada positivo: ni una palabra amable, ni un acto solidario. De pronto repara en el gesto amable que su defendido tuvo con el labriego cuando le ayudó a mover el carro. Desesperado, el ángel toma el carro y lo arroja sobre la balanza. Ésta oscila durante unos instantes, permanece en equilibrio un momento y luego vuelve a inclinarse hacia el lado acusador. El ángel ya no sabe qué hacer, hasta que por fin observa el pedacito de barro que Reb Nachum quitó de la ropa del labriego: un minúsculo y olvidado fragmento de bondad. Así que el ángel toma el pedacito de barro y lo arroja también en el lado de la defensa de la balanza. Milagrosamente, la balanza se inclina hacia ese lado. Reb Nachum se ha salvado. Nunca se sabe: un pequeño servicio puede tener unos resultados inconmensurables.

Es fácil considerar el servicio como un sacrificio, puesto que nos exige tiempo y esfuerzo. Pero en muchos casos ocurre justamente lo contrario. El servicio beneficia a quien lo ofrece, no sólo a quien lo recibe. Es una realidad que el mundo empresarial ha descubierto gracias al estudio sistemático y el rigor científico: un creciente número de estudios confirman el hecho evidente de que el servicio resulta rentable. Tratar a los clientes bien incrementa la posibilidad de que se sientan satisfechos y regresen. Lo contrario no es menos cierto. ¿Cuántas veces hemos tenido que esperar un buen rato en el restaurante para que nos sirvieran, o hemos sido tratados por un vendedor o una vendedora con desgana, o hemos adquirido un artículo que creíamos que era de buen calidad y nos hemos llevado un chasco? Una empresa tiene mucho que ganar respetando a sus clientes. Su primer deber consiste en reducir a los «terroristas»: los clientes insatisfechos que, aparte de no volver, propagan los fallos del establecimiento de marras. Según un estudio, el cliente insatisfecho cuenta su experiencia negativa aproximadamente a 19 personas. Su segundo deber consiste en incrementar el número de «apóstoles»: los clientes satisfechos que no sólo regresan, sino que publicitan gratuitamente las virtudes del establecimiento. Todo indica que los factores más eficaces a la hora de hacer que los clientes regresen consisten en:

— Cumplir la palabra, ofrecer un buen servicio.
— Mostrarse flexible ante unas demandas insólitas.
— Ayudar a los que precisan ayuda.
— Mostrarse afable, hacer que el cliente se sienta a gusto.
— Ser honesto, no mentir nunca.
— Ser amable, tratar a los clientes con cortesía y respeto.

Por supuesto, tratar bien a los clientes para que regresen no es una bondad desinteresada, sino saber cómo dirigir un negocio. Pero estoy convencido de que *a)* es mejor la bondad interesada que la grosería desinteresada y *b)* que quienes fingen ser amables descubren tantas ventajas al adoptar esta actitud que terminan siendo realmente amables.

Pero como todas las cosas positivas, el servicio comporta asimismo multitud de trampas y riesgos. El más común es cobrarlo, aplicar un precio al servicio prestado y presentar la factura, aunque hayan transcurrido varios años. En mi trabajo como psicoterapeuta, cuando los clientes me hablan de sus padres, hay un reproche que surge con más frecuencia que otros. ¿Qué es? ¿Presión? ¿Maltratos? ¿Negligencia? ¿Humillación? ¿Amenazas? Todo esto abunda, ciertamente. Pero la queja más frecuente va dirigida contra los padres que recuerdan a sus hijos todo lo que han hecho por ellos. Escuchar la lista de favores, sacrificios y esfuerzos es un suplicio intolerable. Con todo, es natural que unos padres no quieran que sus hijos den todos sus esfuerzos por descontado. El trabajo de un padre es duro, poco reconocido y gratuito, y al final los hijos ni siquiera se lo agradecen. ¿Por qué reaccionan entonces de forma tan negativa? Porque antiguamente sus servicios eran desinteresados, pero ahora se ha convertido en un instrumento de réplica. Así, todos los favores del pasado son eliminados de un plumazo. La cosa funciona así: uno recibe, reiteradas veces, lo que considera un acto de bondad gratuita, y al cabo del tiempo, con una relectura inesperada y póstuma, descubre que tiene que pagar por ello. Es como hacer el amor apasionadamente y comprobar que se ha tratado de una prestación profesional, y aquí tiene la factura. Un regalo espontáneo se convierte en un cargo en un presupuesto: su primitiva belleza se desvanece inopinadamente.

Analicemos la situación contraria. Alguien nos ayuda y, lejos de recordárnoslo, ni siquiera menciona el favor que nos ha hecho, quizá porque está realizando otros favores en otra parte. Esta persona no se toma demasiado en serio. No es pesada y solemne, y quizá sea incluso divertida. Y si nadie nos hace notar el favor que hemos recibido, tenemos una mayor capacidad para gozar de él, puesto que no nos sentimos en deuda, culpables ni obligados a defendernos. Quizá no reparemos nunca en lo que otra persona ha hecho por nosotros, mediante el esfuerzo, la devoción, posiblemente incluso el riesgo. Lo cual es una lástima. Pero nadie nos agarra por el cuello exigiéndonos que le paguemos. Disponemos de más espacio en nuestro interior, y por tanto de muchas probabilidades de que un día, quizás en el lejano futuro, comprendamos de golpe el favor que nos hicieron y experimentemos un espontáneo sentimiento de gratitud.

Otro problema: transformar el servicio, que esencialmente consiste en olvidarse de uno mismo, en una oportunidad de demostrar lo listos que somos. De colocarnos en el centro y convertir la gratitud hacia nosotros en un deber. Eso hace que los demás se sientan que están en esas casas en las que las paredes están cubiertas de diplomas y certificados, fotografías en compañía de personajes célebres, ediciones especiales de volúmenes que demuestran una gran cultura, y todo aquello que pone de realce la grandeza e importancia de nuestro anfitrión. Nos sentimos poco menos que obligados a admirarlo. Pero ¿nos sentimos animados, enriquecidos? En absoluto.

En cualquier caso, la metáfora de la casa me sirve para describir ciertas relaciones. Imagine que la casa, en lugar de pretenciosa y egocéntrica, es un lugar siniestro e inhóspito. ¡Ojo! Hay un clavo oxidado que sobresale, una tabla del suelo que está floja. Podría hacerse daño. Los cuadros de las paredes son angustiosos. Algunas habitaciones están cerradas a cal y canto. Las sillas son incómodas. O imagine una casa deprimente, en la que todo indica abandono: polvo, desorden y consternación. Pero también existen casas felices, cuya atmósfera rezuma calor y donde nos sentimos a gusto en cuanto ponemos los pies en ella. Nos ofrecen de comer y beber y observamos por doquier interesantes estímulos: libros, cuadros, figuritas. Nos sentimos a gusto.

Las casas son como las personas, y el servicio no es sólo lo que uno hace, sino lo que es. En ocasiones algunas personas, con su mera presencia, hacen que nos sintamos mejor, más en contacto con nosotros mismos, más contentos. Otras nos producen un efecto no menos positivo, pero de carácter intelectual. Cuando yo asistía al instituto, tuve un magnífico profesor de filosofía. No solía seguir el programa. Reprendía a los alumnos que se aprendían las lecciones de memoria y felicitaba a los que proponían un pensamiento original. Los libros y periódicos capaces de conmovernos y transformarnos le parecían mucho más interesantes que los textos de rigor. Hablaba sobre los acontecimientos que se producían, sobre la política, el pensamiento contemporáneo o su historia personal como luchador por la libertad. Durante sus clases siempre lograba captar nuestra atención.

Estas lecciones tuvieron en mí un efecto extraordinario. Me enseñaron que podía pensar por mí mismo. Fue como descubrir que hasta entonces había vivido en la pequeña buhardilla de una casa inmensa, y que esa casa era mía, y que ahora podía entrar en todas sus habitaciones. Si antes asimilaba los pensamientos que me servían como comida a la mesa, a partir de entonces, casi de la noche a la mañana, descubrí en mí mismo la facultad de pensar.

Esta novedad me causó ciertos problemas con algunas autoridades, pero fue un don maravilloso. No fue el resultado de unas determinadas enseñanzas, sino de la vitalidad intelectual que ese profesor era capaz de transmitir. Durante la Segunda Guerra Mundial había participado en la Resistencia italiana y había luchado contra los fascistas y los nazis. Su odio hacia toda clase de autoritarismo y dictadura y su pasión por la libertad y la libertad de pensamiento, por la que había arriesgado su vida más de una vez, formaban parte integrante de su ser, hasta el punto de que, quizá sin darse cuenta, comunicaba y contagiaba a todos esos sentimientos.

He aquí un hecho básico: transmitimos lo que somos y somos lo que nos hemos afanado en ser. El profesor de filosofía transmitía su pasión por la libertad y su vitalidad intelectual porque las había cultivado durante muchos años y porque había estado dispuesto a arriesgar su vida y a honrar esos valores. De haber sido menos importantes para él, no habría podido transmitirlos.

Analicemos este proceso paso a paso:

1. En cualquier momento de nuestras vidas abundan las peticiones de ayuda y las ocasiones de prestar un servicio. Basta con estar atento. Los niños necesitan que les ayudemos a hacer los deberes, un transeúnte nos pide que le indiquemos cómo dirigirse a la estación, el maltrecho medio ambiente pide a gritos que lo respetemos, o una persona anciana, olvidada por todos, está muriendo.

2. Si no respondemos a esas peticiones, probablemente nos sentiremos incómodos. Si respondemos, tendremos que desarrollar la capacidad de satisfacerlas. Debemos aprender a ser pacientes para ayudar a los niños, conocer los problemas de la naturaleza para tratar de resolverlos y ser capaces de hallar a la persona anciana que se está muriendo sola. O simplemente averiguar cómo llegar a la estación.

3. El proceso para descubrir y desarrollar habilidades y conocimientos para realizar una tarea útil lleva toda una vida y despierta en nosotros un insospechado potencial. Requiere no sólo averiguar cómo llegar a la estación, sino la capacidad de explicarlo con claridad, la amabilidad para detenernos y explicarlo, incluso si tenemos prisa y nos exige sacrificar nuestro precioso tiempo. Todos ofrecemos los productos de nuestro trabajo. Si yo doy una conferencia, para que sea útil a los que asisten a la misma, en primer lugar tengo que estudiar y documentarme sobre el tema, preguntarme qué me parecería interesante si estuviera entre el público y proponer unos pensamientos originales sobre la materia. Asimismo, tengo que superar los nervios de hablar en público, desarrollar la capacidad para tomar contacto con mis oyentes y crear un clima grato y estimulante.

Si trabajo con moribundos, pongamos por caso, debo enfrentarme a la ansiedad que me produce la perspectiva de mi propia muerte, debo aprender a estar presente aunque tenga ganas de salir corriendo y aceptar los aspectos más desagradables de una enfermedad, debo sentirme cómodo en una situación de intimidad, etcétera. Es un proceso que me transforma, me enriquece, y hace que tome contacto con todas mis facultades.

4. Ofrecer algo útil a alguien puede recompensarnos a nivel personal. Es posible que recibamos gratitud y admiración y nos vayamos a casa satisfechos. Pero con frecuencia no ocu-

rre así. Millones de padres se han desvivido por sus hijos, pero éstos al hacerse mayores los han maltratado o abandonado. Médicos, maestros, enfermeras, comerciantes han dedicado su vida a servir a un público agresivo y exigente que da por descontado el afán de servicio y espíritu de sacrificio de éstos. Un cocinero puede pasar horas preparando una comida suculenta, pero los clientes la devoran en pocos minutos y ni siquiera le felicitan por ella. Muchos trabajadores voluntarios tienen que lidiar continuamente con interminables esperas, aburrimiento, ingratitud e incluso hostilidad.

Ésta es una fase decisiva del servicio, porque es aquí donde somos puestos a prueba. Si nuestra auténtica meta es obtener admiración y reconocimiento, demostrar lo buenos que somos o coleccionar puntos, antes o después renunciaremos. Si, por el contrario, nuestra motivación es ayudar a una persona a sanar, a sentirse mejor, a encontrarse a sí misma, a saber qué hacer y fomentar su crecimiento, proseguiremos con nuestra tarea. El servicio nos ayuda a purificar nuestras motivaciones, a ser generosos y, por ende, libres.

Ésta es la secuencia. A mi entender hay un hecho innegable. El servicio no sólo ayuda al destinatario, sino al servidor. La persona que ofrece un servicio debe mejorar ella misma a fin de hacer lo que debe hacer, debe pensar en los demás en lugar de pensar únicamente en sí misma. Hallar valor en lo que hace. De esta forma su autoestima se incrementa y encuentra significado en su vida. Entabla relación con otro ser humano. Y si se topa inevitablemente con la decepción, el fracaso o la ingratitud, su motivación es puesta a prueba y puede salir reforzado de la empresa.

Servir a los demás hace que aflore lo mejor de nosotros. Es un hecho que podemos apreciar incluso en pequeños episodios de la vida cotidiana. Yo conocía de vista a una perso-

na de mi barrio que tenía mala fama. Era un hombre corpu-
lento de unos treinta años, con un aspecto un tanto simiesco.
Andaba por la vida con cara de pocos amigos y amedrentaba
a la gente con su talante. Yo había oído decir que había tenido problemas con la ley. La gente le rehuía y recelaba de él.
Un día en que me dirigía apresuradamente a una cita, se re-
ventó un neumático de mi coche en el momento de partir.
Cuando traté de utilizar el gato, comprobé que estaba defec-
tuoso. Mientras me hallaba junto a la carretera sin saber qué
hacer, nervioso, apareció de improviso ese hombre, que se
ofreció a ayudarme. Tras unos momentos de vacilación,
acepté. El hombre cambió la rueda en un santiamén. Lo que
me llamó la atención fue el cambio que se operó en él: en
unos instantes, ese ser asocial, posiblemente peligroso, se
convirtió en un hombre risueño y afable, la viva imagen de la
bondad humana. Bastó muy poco para que aflorara en él lo
mejor de sí, una faceta de su personalidad que nadie conocía,
quizá ni él mismo. Y ocurrió únicamente porque el hombre
sintió que podía ser útil.

Por cierto, existen numerosos estudios que demuestran
los efectos positivos que un servicio altruista tiene sobre el
servidor. Un servicio altruista, por ejemplo, es beneficioso
para los pacientes cardíacos porque combate dos importantes
peligros: la depresión y la soledad. Entre los veteranos de la
guerra del Vietnam, los que tenían un temperamento altruista resultaron ser menos propensos a padecer un estrés pos-
traumático, un estado que puede afectar a un paciente durante años. En otro estudio, los voluntarios que participaron en
un arriesgado estudio bioquímico demostraron tener, al cabo
de veinte años de concluir el estudio, una mayor autoestima.
En otro trabajo de investigación sobre el voluntariado, se ca-
libraron seis aspectos relacionados con el bienestar personal:
la felicidad, la satisfacción vital, la autoestima, la capacidad

del individuo para controlar su vida, la salud física y la ausencia de depresión. Todos esos aspectos aumentaron en los sujetos que habían realizado un trabajo de voluntariado.

Pero el efecto más importante va más allá de los beneficios tangibles y los datos estadísticos. Se trata de un cambio profundo que se verifica en nosotros. Lo que emerge es la actitud básica de mostrarnos abiertos y sensibles a las necesidades y los problemas de los demás, y por consiguiente estar dispuestos a hacer algo para ayudarles, tanto en cuestiones importantes como nimias. Por ejemplo, un día en que me disponía a partir, sonó el timbre de la puerta, y cuando fui a abrirla me encontré con un anciano, que me dijo:

—Se ha dejado los faros del coche encendidos.

—Gracias —respondí—. Pero ¿cómo sabía que era mi coche y que vivo en esta casa?

El anciano me explicó que había mirado dentro del coche y había visto una carta sobre el asiento en la que figuraban mi nombre y mis señas.

Trato de imaginarme a mí mismo en esta situación: al pasar junto a un coche aparcado observo que tiene los faros encendidos. ¿Qué hago?, ¿sigo adelante alegrándome de que no me haya sucedido a mí o me tomo la molestia, como ese hombre, de hacer algo al respecto? Comprendo que en ese momento la vida me ofrece una oportunidad y decido hacer algo. Mañana se presentará otra oportunidad: una amiga se sentirá sola, hay que preparar la cena, tranquilizar a un niño. Y yo estaré dispuesto a hacerlo.

Es una actitud elemental en la que, en cierto aspecto, nos trascendemos a nosotros mismos. Dejamos temporalmente de lado nuestras necesidades, preocupaciones y resentimientos. Nos olvidamos de todo ello durante un tiempo, porque tenemos que ayudar a otros. Y esta capacidad de trascendernos es justamente lo que nos ayuda, porque nos libera de la

prisión de nuestro ego. Por lo general nos hallamos encerrados con todo aquello que nos hace confiar y sufrir: la prisión de nuestro ego. Pero en última instancia, por interesante que sea, nos limita y oprime. Está llena de pesadillas y recuerdos terribles, nos hace enloquecer. De pronto descubrimos la llave para salir: ocuparnos de los demás, interesarnos por sus problemas, establecer contacto con ellos. Y ésa es la clave de nuestra libertad.

Pero hay otros problemas. En ocasiones nuestro afán de servicio topa con la convicción de que todo cuanto podamos hacer es inútil, que vivimos en un mundo lleno de injusticias, abuso de poder, enfermedades, desgracias de gigantescas proporciones, que todo cuanto hagamos tendrá tan sólo un efecto efímero, insignificante o nulo. Y que, queramos o no, somos inútiles. Antes o después, nuestro afán de servicio nos obliga a afrontar nuestra capacidad de incidir en las vidas de los demás. ¿Somos capaces de cambiar sus vidas en sentido positivo o somos impotentes para ayudarles a resolver sus problemas?

Quizá deberíamos analizarlo de otra forma, más exhaustivamente, y comprender que vivimos en un mundo de interacciones sutiles y acontecimientos imprevisibles. Según una fábula que relata Buda, un loro desea salvar a los animales del bosque que están acorralados por un fuego voraz. Después de zambullirse en el río, el loro vuela sobre el fuego agitando las alas, confiando en que las escasas gotas que cayeran sobre el fuego lograran sofocarlo. Nosotros somos conscientes de que nuestras escasas gotas no pueden salvar el mundo. El fuego se propagaba; era una amenaza inexorable. Los animales chillaban aterrorizados. El loro, cubierto de hollín, estaba agotado por sus continuos esfuerzos. Nosotros también nos encontramos a veces en unas situaciones terribles e irremediables, nos enfrentamos a problemas que no podemos solventar. El loro siguió esforzándose, y al cabo de un rato los dioses, a menudo distraídos e indiferentes ante el sufrimiento en la Tierra, se sienten conmovidos por la buena fe y el heroísmo del loro. Las lágrimas de los dioses, al caer sobre la Tierra, se convierten en una lluvia que extingue el fuego, en un bálsamo milagroso que sana y regenera a los aterrorizados animales. La entrega de un pequeño loro ha triunfado sobre la furia devastadora del fuego. Es el triunfo del corazón.

Alegría

Nuestro estado natural

¿Existe alguien experto en alegría? Estoy convencido de ello, y el mayor experto en la materia que he conocido era Roberto Assagioli, el fundador de la psicosíntesis. Era un experto porque había estudiado la alegría, pero ante todo porque encarnaba la alegría. Cuando conocí a Assagioli, parecía un anciano y flaco rabino con una barba blanca. Vivía rodeado de libros y en su mesa había una esfera con todos los astros del firmamento. Parecía el arquetipo del viejo sabio. En el mundo real era un psiquiatra, el que introdujo el psicoanálisis en Italia. Pero a Assagioli no le satisfacía el psicoanálisis, porque hacía excesivo hincapié en la patología. Le interesaban las cualidades positivas, como la belleza, el amor, la fe, la armonía, la paz y la alegría. Según él, nuestra verdadera esencia, más profunda que toda angustia o desesperación que podamos sentir, es un centro de conciencia que es libre. Encontrar este centro proporciona alegría. Es nuestro estado natural, estamos programados para ser alegres.

Muchas de las ideas expresadas en este libro las aprendí de Assagioli. Éste tenía un fichero de notas, con un par de archivos destinados a cada cualidad. Según él, estas cualidades no eran unos conceptos abstractos, sino unos seres vivos como nosotros. Y si las cualidades son unos seres vivos, podemos hallarlas y pasar un tiempo en su compañía. Las cualidades pueden infundirnos su nota singular, estimularnos, guiarnos e inspirarnos.

La primera vez que oí hablar de este concepto, lo acogí con escepticismo. A mi modo de ver una cualidad espiritual como la serenidad o el valor constituía tan sólo una idea. Quizá fuera una buena idea, o quizá sólo fuera útil para sermonear o juzgar, como por ejemplo «debes tener valor» o «debes calmarte». Pero para Assagioli, entrar en contacto con una cualidad era una experiencia tan real como comer un helado o dar un paseo. No tardé en comprender que eso formaba parte de su vida. Existía todo un universo que yo desconocía y que nuestra cultura materialista ignora: un universo de percepciones sutiles y subjetivas e intercambios de energía. Empecé a comprender que todos irradiamos lo que somos, que podemos irradiar conflicto o ira, o armonía y serenidad. Poseemos un campo de energía en torno a nosotros, un «aura» que interactúa con la de los demás. Por este motivo, cuando Assagioli entraba en una habitación todos los presentes se sentían de pronto más animados.

Al principio me pareció una regresión a un mundo de magia y animismo. Pero Assagioli no lo veía así. Según él, estas realidades debían ser estudiadas como, por ejemplo, las ondas electromagnéticas, que aunque son invisibles pueden transmitir sonidos, imágenes y, por tanto, ideas y emociones, como ocurre con la televisión. Por consiguiente, después de cada meditación Assagioli proponía la técnica de irradiación, conocida durante siglos como una bendición en varias tradiciones espirituales. Durante una meditación nos cargamos de una energía renovada y positiva. No obstante, si no compartimos esta energía y la guardamos para nosotros, nos arriesgamos a sufrir una congestión espiritual. Irradiar esta energía a los demás nos beneficia. Todas las cosas buenas deben circular, no permanecer estancadas. Assagioli utilizaba la fórmula budista: amor para todos los seres, compasión para todos los seres, alegría para todos los seres, serenidad para todos los seres.

Un día, mientras practicábamos juntos una sesión de meditación, con los ojos cerrados, alcanzamos el estadio de «alegría para todos lo seres», y al abrir los ojos miré a Assagioli. Estaba absorto en la meditación, inmerso en la alegría. No creo haber visto nunca a una persona irradiar alegría de forma tan evidente e intensa. Y ésa era la persona que había sido perseguida durante los años de la guerra, que había perdido a un hijo, que había sido menospreciado por sus ideas innovadoras... Le observé con curiosidad científica. Pero enseguida me sentí conmovido por esa alegría, y al observarla en él sentía que se apoderaba de mí también. Assagioli, con los ojos cerrados, debió intuir que yo le observaba. Abrió los ojos y me miró. Fue un momento extraordinariamente hermoso. Comprendí que dos personas podían encontrarse en la alegría, una alegría en la que ninguno de los dos tratábamos de competir, obtener un favor o demostrar algo. Era la alegría de existir.

A partir de ese día, sin siquiera mencionarlo, se convirtió en un ritual. Cada vez que meditaba con Assagioli, cuando llegábamos a la parte de la «alegría para todos los seres» ambos abríamos los ojos y nuestras miradas se encontraban en esa longitud de onda. Fue una de las enseñanzas más valiosas que jamás he recibido. Desde entonces he perdido y redescubierto la alegría muchas veces. No creo ni por un momento que pueda poseerla para siempre, ni evocarla cuando lo desee. Como todo el mundo, con frecuencia me muevo en los oscuros callejones de la tristeza y la desconfianza. Pero algo ha cambiado en mí para siempre. La alegría significa una certidumbre y una posibilidad maravillosa.

La alegría, o en todo caso un talante feliz y optimista, constituye la base de la bondad. Imagine recibir un gesto de bondad en un clima de displicencia o desgana. Por ejemplo, alguien se ofrece para llevarle a casa en coche, pero permanece durante todo el trayecto con cara de malhumor. O le prepara una comida sin dejar de recordarle todo lo que hace por usted. O bien le ayuda a encontrar las llaves que usted ha perdido al tiempo que le sermonea sobre lo descuidado que es. Nadie quiere ese tipo de bondad, porque la auténtica bondad se ofrece con alegría. No podemos ser bondadosos sin cierto grado de optimismo.

Pero muchas personas no lo ven así. Por el contrario, a menudo consideran la alegría casi una forma de egoísmo o superficialidad. Conozco a un hombre que trabaja como voluntario para urgencias médicas. Este tipo de trabajo benéfico tiene una larga y noble tradición en Florencia. Antiguamente, los que trabajaban como voluntarios para beneficencia solían vestir de negro, incluso lucían una capucha para que no los reconocieran. El servicio debería ser anónimo y no deberíamos ofrecer ayuda o consuelo para recibir gratitud u otras compensaciones a cambio, sino simplemente por un deber moral. Pues bien, este hombre acudió a la reunión de presentación, durante la cual le preguntaron a él y a todos los recién llegados por qué querían trabajar como voluntarios. El hombre respondió: «Por la satisfacción de servir». Al oír esas palabras, uno de los miembros veteranos, frunciendo el ceño, le dirigió una mirada de reproche.

Esa mirada decía: «No debes gozar de tu altruismo; el servicio debe basarse en el sacrificio». Quizás ese hombre ceñudo no estaba del todo equivocado. El auténtico altruismo no abunda y quizá debamos renunciar a algunos beneficios egoístas, como el descanso, el tiempo que dedicamos a nosotros mismos y otras cosas. No obstante, ¿prefiere usted que le ayude una persona que se sacrifica o alguien que se alegra de poder hacerlo?

Así pues, un componente básico de la bondad es un temperamento alegre. Y el sentido del humor es análogo a la alegría: la capacidad de ver las contradicciones y los absurdos de nuestra vida y no tomarnos excesivamente en serio. Cualquiera que posea esta cualidad está a salvo del endiosamiento y los dramas de la vida cotidiana. Desde que Norman Cousins se curó a sí mismo de espondilitis anquilosante viendo vídeos de los hermanos Marx, han proliferado los estudios sobre los efectos sanadores y estimulantes de esta maravillosa cualidad. Por ejemplo, se ha comprobado que el sentido del humor fomenta nuestra creatividad. Los sujetos que acababan de ver una película cómica resolvían un problema práctico más rápidamente que otros. También se ha comprobado que el sentido del humor posee la facultad de aliviar el dolor físico, lo cual no es una virtud insignificante.

Asimismo, sabemos que el sentido del humor refuerza el sistema inmunitario, disminuye la presión sanguínea y reduce el estrés. ¡Menudo resultado! Pero es mejor no analizar excesivamente el sentido del humor y hablar de él en pequeñas dosis. Hace tiempo cometí el error de dirigir un cursillo sobre el sentido del humor. Fue el cursillo más deprimente que he dirigido jamás. Como dijo Mark Twain: «Estudiar el sentido del humor es como disecar a una rana, lo único que obtienes es una rana muerta». A propósito de esto, quiero mencionar un episodio que comento con frecuencia. Ocurrió cuando conocí al maestro zen Shunryu Suzuki en su monasterio, Tassa Hara, en California. Nuestro encuentro consistió en una sola mirada. Yo me hallaba en la sala de meditación, junto con otros estudiantes y discípulos, donde acababa de practicar una meditación zen. Inmediatamente después, Suzuki dio una disertación. Después de permanecer sentado con las piernas cruzadas al estilo oriental durante dos horas, ansiaba mover las piernas y dar un paseo. Como estaba cerca de la puerta, fui el primero en salir.

No tardé en darme cuenta de que había quebrantado una orden estricta del monasterio: el primero que abandona la sala es el maestro, seguido de todos los demás. ¡Qué metedura de pata! Pero era demasiado tarde. Cuando Suzuki salió de la sala, pasó junto a mí y me miró. Sus ojos parecían los de un samurai furioso, como los que vemos a veces en las viejas ilustraciones japonesas. Pero al mismo tiempo (no me pregunte cómo lo consiguió, pues ni yo mismo me lo explico) esos ojos mostraban una expresión divertida ante la torpeza del neófito. Parecían decir: «No te preocupes, no es grave». Era la expresión serena y divertida del sabio, que observa el teatro de la vida y sabe que la gran ilusión del *samsara* equivale al éxtasis supremo del nirvana.

Retomemos el tema general de la felicidad, un tema que resulta más fácil de comentar porque, aunque no menos huidizo, está relacionado con nuestra orientación básica en la vida. Existen dos teorías predominantes: la primera afirma que la felicidad se produce cuando el gozo alcanza su máxima expresión. Es la teoría hedonista. La segunda sostiene que nos sentimos felices cuando hallamos significado, aunque sea a través del esfuerzo y la frustración. Es la teoría del eudemonismo, que proviene del término griego *daimon*, nuestro ser auténtico. A mí me convence más esta última teoría. Lo que cuenta es aquello en lo que creemos. La alegría proviene del significado de nuestra vida.

Mihály Csikszentmihalyi ha constatado que el gozo en sí mismo no basta para alcanzar la alegría. En sus estudios sobre el *flow*, o experiencia óptima, tomó nota de los distintos estados de ánimo de un gran número de personas a lo largo del día. ¿Cuándo se sentían en estado de gracia, cuándo *fluían*? Por lo general ese estado no se producía cuando descansaban en la playa o gozaban de una comida suculenta, sino cuando todo su ser estaba implicado en una actividad que requería disciplina, atención y pasión. Cuando jugaban al ajedrez, o tocaban el violín, o leían un libro filosófico, o bailaban. Fuera lo que fuere, era lo que daba significado a su vida.

Pero lo que cuenta no sólo es el estado de gracia, sino la actitud básica con la que afrontamos el día a día. Y aquí surge la pregunta esencial: ¿somos optimistas o pesimistas? Numerosos estudios demuestran que una actitud optimista tiene varios beneficios sobre la salud. Martin Seligman, en su libro sobre este tema, demuestra que los políticos que utilizan palabras optimistas en sus discursos tienen más probabilidades de triunfar. Recientemente, una ola de nuevos trabajos de investigación y el comienzo de la «psicología positiva» han dado popularidad a este tema. Un estudio llevado a cabo en la Clínica Mayo ha demostrado que de 839 personas que se habían sometido a unas pruebas hacía treinta años, las catalogadas como pesimistas tenían un 40 por ciento más de probabilidades de morir al cabo de treinta años en comparación con los catalogados de optimistas. En términos generales, el optimismo protege el organismo humano de trastornos cardíacos y potencia la eficacia del sistema inmunitario. En suma, los optimistas son más felices y acuden menos al médico.

Pero no necesitamos unos estudios para saber lo maravilloso que es sentir alegría. La pregunta es: ¿cómo conseguirlo? O en todo caso, ¿qué podemos hacer para ser más optimistas? A mi entender no es demasiado difícil (soy un optimista). Existen dos pasos muy sencillos que todos podemos tomar. En primer lugar, analizarnos. Sin profundizar demasiado, la mayoría de nosotros somos capaces de descubrir rápidamente diversos motivos que nos impiden gozar de la vida: quizá seamos unos perfeccionistas, o dejamos que el sentido de culpa nos corroa, o nos tomamos demasiado en serio, o bien nos obsesionamos con lo que no funciona en nuestra vida. Asombrosamente, el mismo hecho de ser conscientes del perjuicio que nos causa-

mos a nosotros mismos con frecuencia basta para hacernos
abandonar esas actitudes destructivas. En última instancia, nos
pasamos la vida buscando la felicidad. Cuando las madres de
unos bebés, en lugar de sonreírles, adoptan una expresión impasible, los bebés protestan y se muestran inquietos. Quieren
ver la sonrisa de su madre, no una cara seria. Como decía Assagioli acertadamente, «nacemos para ser felices».

Y, sin embargo, nos empeñamos en no ser felices. A menudo, por absurdo que parezca, comprobamos que tememos ser
felices. ¿Por qué tememos lo que más anhelamos? Tememos la
alegría y la felicidad por varias razones: en primer lugar, porque nos sentimos indignos, como si la felicidad sólo pudieran
alcanzarla quienes se hubieran hecho acreedores de ella después de años de esfuerzo. Por otra parte, nos parece frívola.
Con todo el dolor que hay en el mundo, ¿con qué derecho nos
sentimos felices? También tememos que si dejamos de sufrir y
empezamos a gozar de la vida, los otros nos envidiarán y acabaremos sintiéndonos diferentes y aislados. Asimismo tememos que si experimentamos la auténtica felicidad, ésta no du-
rará y habremos añadido el dolor de saber lo que hemos
perdido. Por último, tememos la felicidad porque en su expresión más intensa es abrumadora: la felicidad puede ser tan
grande que tememos que nos desintegre.

El segundo paso para aproximarnos a la alegría es aún
más simple: preguntarnos qué nos hace felices. Una buena pregunta que rara vez nos hacemos. Por curioso que parezca, a veces nuestra vida experimenta un cambio radical gracias a una
buena pregunta. ¿Qué es lo que nos hace felices? Gozar de la
belleza de la naturaleza, estar en compañía de alguien que
amamos, realizar una actividad física, leer un libro, escuchar
música, redescubrir la soledad. Existen infinitas posibilidades,
algunas muy remotas, pero algunas sorprendentemente ase-
quibles. Sólo tenemos que buscarlas. Estoy convencido de que

la mayoría de nosotros no permanecemos más de veinticuatro horas alejados de la alegría, y que la alegría está al alcance de prácticamente todo el mundo. En el caso de otras personas, quizá tarden algo más en encontrarla.

La principal duda que debemos vencer a la hora de buscar nuestra felicidad es que con ello podemos mermar la felicidad de otros. De hecho, el egoísmo y el altruismo pueden ser amigos, no enemigos. Si buscamos la felicidad, nos mostraremos más positivos y abiertos a los demás. Estaremos de su lado. Multitud de estudios demuestran que si somos felices también somos altruistas. Otros estudios demuestran que si somos altruistas al mismo tiempo nos sentimos felices. Por ejemplo, las personas que realizan un trabajo de voluntariado suelen ser más alegres y equilibradas que la media.

Por lo demás, somos más felices si mantenemos buenas relaciones con las personas que nos rodean. Varios estudios han demostrado que la calidad (y no la cantidad) de nuestras relaciones es una fuente de bienestar; y también ha quedado demostrado que la salud, la vitalidad y las emociones positivas varían en proporción a la forma en que nos relacionamos con los demás. Precisamente las personas que piensan en los demás, que se implican en sus vidas, que tratan de aliviar su sufrimiento y se sienten vinculadas a ellos, suelen ser más felices y descubren el inestimable tesoro de la alegría.

El egoísmo y el altruismo no tienen por qué ser enemigos. Podemos ser muy útiles a los demás si hacemos lo que nos enriquece e inspira. Éste es el punto de partida si queremos introducir la bondad en nuestra vida. ¿Cómo podemos envenenarnos con la amargura, envidiar secretamente a otros por ser más afortunados que nosotros, quejarnos de que no conseguimos lo que deseamos, protestar cuando las cosas no salen como esperábamos, querer vengarnos... y al mismo tiempo ser amables? Ante todo debemos descubrir qué es lo que nos hace felices. Es una tarea imprescindible para todos. A partir de ahí tenemos más posibilidades de que todo vaya bien: la alegría hace que nuestras relaciones sean más fáciles, vitales y hermosas.

Lo esencial es la transparencia de intenciones. La persona que logra ser amable sin motivos ulteriores es más feliz que la que lo hace confiando en obtener algún beneficio. «¿Qué saco yo de esto?» es una pregunta que acaba distrayéndonos. Nos preocupa no conseguir lo que deseamos, que nos engañen, que nuestra bondad no sea reconocida ni recompensada. De esta forma, nos olvidamos de gozar. Según una antigua fábula oriental, Dios quiere recompensar a un hombre por su extraordinaria bondad y pureza de intenciones. Llama a un ángel y le dice que vaya a preguntar al hombre lo que desea. Su deseo será satisfecho. El ángel aparece ante el hombre bondadoso y le comunica la buena noticia. El hombre responde:

—Ya me siento feliz. Tengo todo cuanto deseo.

El ángel le explica que conviene comportarse con tacto con Dios. Si Dios desea hacernos un regalo, es mejor aceptar. Entonces el anciano responde:

—En ese caso deseo que todos los que entren en contacto conmigo se sientan bien. Pero no quiero saberlo.

A partir de ese momento, por donde pasa el hombre bondadoso, las plantas marchitas vuelven a florecer, los animales maltrechos se recuperan, las personas enfermas sanan, los infelices son aliviados de su pesar, los que están enemistados hacen las paces y los que tienen problemas los resuelven. Y eso ocurre sin que el hombre bondadoso lo sepa, siempre después de que haya pasado, nunca ante sus ojos. No hay orgullo, ni expectativas. Ignorante y satisfecho, el hombre bondadoso recorre los senderos del mundo repartiendo felicidad a todos.

Conclusión

Cómo funciona la bondad

Mi hijo Jonathan, de nueve años, llega de la escuela con aire triunfal.

—¿Qué habéis hecho hoy? —le pregunto.

—Fuimos a limpiar el parque público. Nos pusimos unos guantes especiales y recogimos periódicos, cañas de plástico, botellas y botes vacíos, mondas de naranja y colillas. Delante de nosotros iba un hombre equipado con un mono especial que recogía las jeringuillas. Dejamos el parque totalmente limpio.

Es posible que a algunos padres les disgustara esta iniciativa. Pero yo me quito el sombrero ante los maestros que ofrecieron a Jonathan y a sus compañeros la oportunidad de servir a otros, sin esperar recompensa, por el puro placer de hacerlo. Les brindaron la oportunidad de ser bondadosos.

La iniciativa de limpiar parques públicos y playas, practicada por diversos grupos en todo el mundo, constituye la quintaesencia de la bondad, no sólo porque es un servicio desinteresado, que produce unos resultados útiles, mejora la calidad de la vida y hace que quienes la llevan a cabo se sientan felices, sino porque, lógicamente, es una respuesta eficaz a una necesidad o un problema que tenemos ante nuestros mismos ojos. Una persona tiene sed y le damos a beber agua;

otra se siente deprimida y tratamos de animarla; el parque está repleto de desperdicios y lo limpiamos.

Las oportunidades de ser bondadoso abundan. La vida colabora, puesto que lo único que debemos hacer es percibir la ocasión de expresar y cultivar la bondad. Como cuando experimentamos esos efectos ópticos en los que, después de contemplar una imagen caótica, identificamos una imagen coherente. Basta con que miremos a nuestro alrededor, y en lugar de ver unos deberes rutinarios o apremiantes, vemos la ocasión de ser amables. Estas oportunidades surgen continuamente de diversa forma. Sólo tenemos que prestar atención.

En una historia relatada por Tolstoi, un pobre zapatero oye la voz de Jesucristo en un sueño: «Hoy apareceré ante ti». El zapatero se despierta y se pone a trabajar. Durante el día se encuentra con una joven que está hambrienta y el zapatero le da comida. Luego pasa un anciano que tiene frío y el zapatero deja que se siente junto al hogar para que entre en calor. Más tarde consuela a un niño que tiene problemas con su madre. Son unos actos espontáneos que el zapatero ha realizado sin pensar. Al término de la jornada, antes de acostarse, el zapatero recuerda el sueño y piensa que no se ha hecho realidad, puesto que Jesucristo no se le ha aparecido. Entonces oye una voz. Es la voz de Jesucristo. «¿No me has reconocido, querido amigo? Yo era esa mujer. Yo era ese anciano. Yo era el niño y su madre... Te encontraste conmigo y me ayudaste. Estuve contigo todo el día.»

Sí, la bondad está ante nosotros. La oportunidad de subsanar una injusticia o ayudar a alguien se presenta en todo momento, y si reaccionamos como es debido, reafirmamos los sentimientos más auténticos y los valores más nobles que nos ofrece la vida.

Cada persona es bondadosa a su estilo. Algunos llaman a un amigo que se siente solo, otros explican una lección a un alumno que tiene problemas. Alguien te da una lechuga recién cogida en su huerto o sonríe a un niño en una sala de espera atestada. Otros sostienen la puerta para que pases cuando vas cargado de paquetes y otros dedican toda su vida a dar de comer a los hambrientos.

Conozco a una mujer que ama a los animales. Da de comer a los gatos callejeros y adopta perros del refugio, en lugar de dejar que mueran porque nadie los quiere. Un día se llevó a casa una ardilla. La ardilla se escapó de donde la había instalado y se escondió en un armario, pero la mujer seguía dándole de comer todos los días. La ardilla solía permanecer oculta durante el día y por las noches salía a corretear por la casa, aterrizando a veces en la cama de la mujer mientras ésta dormía. No era una compañera fácil. Pero si la mujer hubiera liberado a la ardilla, ésta probablemente hubiera muerto, pues el animal no estaba adaptado a vivir en el bosque. Al cabo de un tiempo le pregunté si había resuelto el problema.

—Sí —respondió—. Supuse que la ardilla se sentía sola, de modo que le traje un compañero. Ahora tengo dos ardillas correteando por la casa.

Quizá para usted y para mí podría representar una pesadilla. Para la mujer es una pasión.

Un fotógrafo va a un orfanato para tomar unas fotografías de los huérfanos, porque un buen retrato facilita la adopción. Un anciano va dejando juguetes para los niños en las puertas de sus casas. He visto a personas llevar bocadillos y bebidas calientes a los sin techo en una fría mañana de invierno. Músicos jóvenes que van a residencias de ancianos para tocar para ellos. Y muchas personas no hacen nada de particular, simplemente lo que hacemos todos: llevan a sus hijos a la escuela, van a trabajar, preparan la comida, atienden el teléfono, barren el suelo. Lo hacen con cariño. Existen infinitas maneras de ser bondadosos. Sólo debemos hallar aquella manera de ser bondadoso que concuerde con nuestra forma de ser.

Pero no podemos ser bondadosos por obligación o por un sentimiento de culpabilidad. Se trata de averiguar qué es lo que hacemos mejor y que al hacerlo nos sintamos satisfechos, quizás incluso felices. Ésa es la clave. Ser bondadoso es el sistema más sencillo de convertirnos en quienes somos en el fondo.

Pero a veces no sabemos quiénes somos. El hecho de ser bondadosos nos ayuda a averiguarlo. Virginia Satir compara nuestra valía personal con una olla. ¿Qué contiene la olla? ¿Comida, desperdicios o nada en absoluto? ¿Y qué contenemos nosotros? ¿Seguridad, buenos recuerdos, inteligencia, sentimientos nobles y positivos, o vergüenza, sentimientos de culpabilidad e ira? ¿Qué podemos ofrecer? Al ser bondadosos nos enfrentamos a esta pregunta y acabamos descubriendo unos recursos que quizás ignorábamos que poseíamos. Pero son los recursos que la humanidad ha poseído siempre, porque son precisamente las facultades que nos han permitido evolucionar: capacidad de cuidar de los demás, comunicación y colaboración, sentido de pertenecer a una comunidad, compartir, empatía. Si reunimos esas facultades, nuestra imagen de nosotros mismos se torna más positiva y completa. Aunque no lo sepamos, aunque lo hayamos olvidado, es cierto: somos bondadosos.

Ser bondadosos no sólo nos pone en contacto con nosotros mismos, sino que nos hace centrarnos en el bienestar de los demás. Todos estamos conectados unos con otros. En el cielo de Indra, el dios hindú, hay un número infinito de esferas rutilantes, cada una de las cuales refleja todas las demás, y por consiguiente los reflejos de las esferas dentro de éstas. Al igual que las esferas rutilantes, todos contenemos de alguna forma a todas las demás personas. Y si miramos en nuestro interior, vemos que participamos y reaccionamos emocionalmente a lo que ocurre en nuestro planeta. Miles de millones de personas sufren, tienen hambre, son víctimas de injusticias. ¿Cómo podemos coexistir con esos problemas tan tremendos?

La forma en que los afrontamos define nuestra vida. Para poner un ejemplo concreto, piense en cómo ha cambiado nuestra vida desde el 11 de septiembre. ¿De qué manera ha incidido en sus pensamientos?, ¿cómo se siente cuándo camina por la calle, viaja o ayuda a sus hijos a acostarse? En mi trabajo como psicoterapeuta con grupos e individuos, constato continuamente hasta qué punto los grandes acontecimientos planetarios penetran en las mentes de las personas e inciden en ellas. Pienso en ciertos acontecimientos particularmente dolorosos que, queramos o no, resuenan profundamente en nosotros:

— El hambre. ¿Cómo podemos sentarnos a comer tranquilamente sabiendo que cada año mueren 15 millones de niños de hambre y desnutrición?

— La guerra. Algunas guerras se desarrollan delante de las cámaras, otras, no menos crueles, sin que lo sepamos. Todas dejan una estela de sufrimiento causado por el odio, el dolor y el afán de venganza.

— La injusticia. Explotación de niños, mujeres y hombres, fanatismo religioso, regímenes totalitarios, persecuciones políticas, torturas. Lo intolerable existe.

— La contaminación. Vivimos en un planeta maltratado y violado; hemos perdido nuestra relación con la Madre Tierra, a la que debemos nuestros orígenes.

— El despilfarro. Muchos de nosotros hemos perdido el contacto con nuestra alma, y huimos hacia la quimera del consumismo, o bien nos hemos extraviado en la niebla de la depresión.

Nadie puede ignorar estos problemas, porque nos afectan cada día de múltiples formas. Pero son de tal magnitud que no podemos imaginar siquiera tratar de resolverlos solos, salvo algunos individuos excepcionales que tienen la capacidad de actuar e inspirar a otros a gran escala. Sin embargo, *todos podemos adoptar en nuestro interior una postura contra esos desastres*, lo cual significa elegir cómo deseamos ser. Queramos o no, esos desastres ocurren. Debemos coexistir con estos tremendos problemas y todos asumimos una postura con respecto a ellos. Algunos los ignoran para defenderse de la angustia que les causan. Otros se sienten culpables. Otros asumen compromisos sociales y políticos.

Ser bondadoso significa adoptar una postura. Pero eso no basta por sí solo. Nuestra bondad puede resultar ineficaz. El dinero que enviamos para paliar el hambre puede ser mal utilizado. Ayudar a una anciana a cruzar la calle no elimina la pobreza en un país lejano. Y por cada botella de plástico que recogemos en la playa, mañana aparecerán otras diez abandonadas sobre la arena. Pero no importa. Habremos afirmado un principio, una forma de ser.

Asimismo, es preciso comprender que el microcosmo es un macrocosmo: *cada persona es todo el mundo*. Como han señalado muchos místicos y visionarios, cada individuo, en una forma sutil y misteriosa, encarna a todas las personas. Si logramos aportar cierto consuelo y bienestar a una sola persona, podemos considerarlo una victoria, una respuesta silenciosa, humilde, al sufrimiento y el dolor del planeta. Es el punto de partida.

Los problemas de la humanidad sólo pueden resolverse a través de la participación y las iniciativas de un gran número de personas y de unos cambios culturales profundos. Pero sería erróneo considerar la bondad como un factor de poco peso. La bondad no sólo es capaz de salvar a la humanidad, sino que ya lo hace. ¿Se ha preguntado alguna vez cómo es posible que el mundo, con sus complejas estructuras, no se haya derrumbado? Es un milagro que este sistema increíblemente complejo siga funcionando sin haber caído en un caos total. Si cada día el cartero nos trae el correo, si los semáforos funcionan, si los trenes circulan (más o menos) con puntualidad, si tenemos la suerte de hallar la comida que queremos, si los periódicos están en los quioscos de prensa, si los niños no suelen estar abandonados en las calles, si el agua mana cuando abrimos el grifo y la luz se enciende cuando pulsamos el interruptor, todo se debe al trabajo de un sinnúmero de personas. Así es cómo se ganan la vida, ciertamente. Pero si el mundo sigue adelante, también es gracias a la buena voluntad de esas personas, a su deseo de contribuir a que todo funcione en bien de todos. Es gracias a su —nuestra— bondad.

Desde este prisma, la bondad y la buena voluntad de todos constituye un recurso energético, equivalente al petróleo, el agua, el viento y las energías nuclear y solar. Sería tremendamente útil (ya lo es) prestar mayor atención a este recurso, hallar la forma de evocarlo y cultivarlo, organizar cursillos, enseñarlo en las escuelas, promoverlo en televisión, difundirlo a través de anuncios, convertirlo en una moda.

En tal caso, no tardaríamos en constatar que la bondad no sólo rinde unos inmensos beneficios emocionales, físicos y sociales, sino que nos hace más fuertes y competentes en la selva de la vida cotidiana. Comprenderíamos que *la bondad es el camino que conduce a la liberación*. El Dalai Lama lo ha resumido así:

He comprobado que el mayor grado de serenidad interior proviene de cultivar el amor y la compasión. Cuanto más nos preocupamos por la felicidad de los demás, mayor es nuestra sensación de bienestar. Cultivar un sentimiento íntimo y afectuoso hacia los demás aporta automáticamente paz a nuestra mente. Esto contribuye a eliminar los temores y las inseguridades que podamos tener y nos proporciona la fuerza necesaria para afrontar cualquier obstáculo que podamos hallar en nuestro camino. Es la fuente última del éxito en la vida.

La bondad es un medio para librarnos de los problemas y obstáculos que nos oprimen. En una fábula relatada por el sabio hindú Ramakrishna, una mujer visita a una amiga a la que no ha visto desde hace tiempo. Cuando entra en su casa, la mujer observa que su amiga posee una espléndida colección de carretes de hilos de distintos colores. La mujer se siente irresistiblemente atraída por esa exhibición multicolor y aprovecha que su amiga se ausenta unos momentos de la habitación para sustraer unos cuantos carretes, que oculta en sus sobacos. Pero su amiga se da cuenta y, sin acusarla, dice: «Hace mucho tiempo que no nos vemos. ¡Bailemos juntas para celebrarlo!» La mujer, turbada, no puede negarse, pero baila de forma rígida para sostener los carretes en los sobacos. La otra la incita a mover los brazos al tiempo que baila, pero la mujer responde: «No puedo. Sólo sé bailar de esta manera». Ramakrishna relataba esta historia para ilustrar la liberación, que consiste en dejar de aferrarnos a nuestras pertenencias, a nuestras funciones e ideas, a nuestras obsesiones. Renunciar a esas ataduras. Cuando somos bondadosos, pensamos más en los demás, por tanto estamos menos esclavizados por nuestro ego y su tiranía; somos menos propensos a caer en las garras de los monstruos de la ansiedad y la depresión; los obstáculos y los escollos, causados por una excesiva preocupación por nosotros mismos, desaparecen.

Por extraño y paradójico que parezca, es cierto: el medio más sensato de favorecer *nuestros* intereses, hallar *nuestra* libertad y vislumbrar *nuestra* felicidad con frecuencia no consiste en perseguir estos objetivos de modo directo, sino en ocuparnos de los intereses de *los demás*, ayudar a *otras* personas a librarse del temor y el dolor y contribuir a *su* felicidad. En última instancia, es muy sencillo. No se trata de elegir entre ser bondadosos con los demás y ser bondadosos con nosotros mismos. Es lo mismo.

Bibliografía

Introducción

Alberti, A., *Il Sé ritrovato*, Pagnini, Florencia, 1994.

Alberti, A., *L'Uomo che soffre, l'uomo que cura*, Pagnini, Florencia, 1997.

Allen, K., J. Blascovich, W. B. Mendes, «Cardiovascular Reactivity and the Presence of Pets, Friends and Spouses: the Truth about Cats and Dogs», *Psychosomatic Medicine*, septiembre-octubre de 2002, vol. 64 (5), pp. 727-739.

Block, P., *Stewardship: Choosing Service over Self-interest*, Berret-Koehler, San Francisco, 1993.

Dalla Costa, J., *The Ethical Imperative*, Perseus, Cambridge, 1998. [Versión castellana: *El imperativo ético: por qué el liderazgo moral es un buen negocio*, Paidós, Barcelona, 1999.]

Dowrick, S., *The Universal Heart*, Penguin, Londres, 2000. [Versión castellana: *El perdón y otros actos de amor*, Edaf, Madrid, 1999.]

Fratiglioni, L., H. Wang, K. Ericsson, M. Maytan, B. Winblad, «Influence of Social Network on Occurrence of Dementia: a Community-based Longitudinal Study», *Lancet*, 2000, vol. 355, pp. 1.315-1.319.

Salzberg, S., *Lovingkindness: the Revolutionary Art of Happiness*, Shambala, Boston, 2002.

Sorokin, Pitirim A., *The Ways of Power and Love*, Beacon Press, Londres, 1954.

Tiller, W. A., R. McCraty, M. Atkinson, «Cardiac Coherence: a New Noninvasive Measure of Autonomic Nervous System Order», *Alternative Therapy and Medical Health,* enero de 1966, vol. 2 (1), pp. 52-65.

Honestidad

Godert, H. W., H. G., Rill, G. Vossel, «Psychophysiological Differentiation of Deception: The Effects of Electrodermal Lability and Mode of Responding on Skin Conductance and Heart Rate», *International Journal of Psychophysiology*, febrero de 2001, vol. 40 (1), pp. 61-75.

Jourard, S., *The Transparent Self*, Van Nostrand, Nueva York, 1971.

Pennebaker, J. W., C. H. Chew, «Behavioral Inhibition and Electrodermal Activity during Deception», *Journal of Personality and Social Psychology*, noviembre de 1985, vol. 49 (5), pp. 1.427-1.433.

Weeks, D., J. James, *Eccentrics*, Weidenfeld & Nicholson, Londres, 1995.

Calor humano

Carton, J. S., S. Nowicki, «Origins of Generalized Control Expectancies: Reported Child Stress and Observed Maternal Control and Warmth», *Journal of Social Psychology*, 1996, vol. 136 (6), pp. 753-760.

Carton, J. S., E. R. Carton, «Nonverbal Maternal Warmth and Children's Locus of Control of Reinforcement», *Journal of Nonverbal Behavior*, vol. 22 (1), primavera de 1998, pp. 77-86.

Herman, M. A., S. M. McHale, «Coping with Parental Negativity: Links with Parental Warmth and Child Adjustment», *Journal of Applied Developmental Psychology,* vol. 14, 1993, pp. 121-136.

Hill, C. A., «Seeking Emotional Support: The Influence of Affiliative Need and Partner Warmth», *Journal of Personality and Social Psychology*, vol. 60 (1), pp. 112-121.

Kyoungho, K., «Parental Warmth, Control and Involvement in Schooling in Relation to Korean American Adolescents' Academic Achievement», *Dissertations Abstracts International,* Section A: Humanities and Social Sciences, agosto de 1999, vol. 2-A, p. 559.

Montagu, A., *Touching: The Human Significance of the Skin*, Harper & Row, Nueva York, 1978. [Versiones castellanas: *El sentido del tacto: comunicación humana a través de la piel*, Aguilar,

Madrid, 1981; *El tacto: la importancia de la piel en las relaciones humanas,* Paidós, Barcelona, 2004.]

Ornish, D., *Love and Survival,* HarperCollins, Nueva York, 1998.

Prescott, J. W., «Body Pleasure and the Origins of Violence», *Bulletin of the Atomic Scientists,* noviembre de 1975, pp. 10-20.

Prodomidis, M., T. Field, R. Arendt, L. Singer, R. Yando R., D. Bendell D., «Mothers Touching Newborns: a Comparison of Rooming-in versus Minimal Contact», *Birth,* diciembre de 1995, vol. 22, p. 4.

Richman, E. R., L. Rescorla, «Academic Orientation and Warmth in Mothers and Fathers of Preeschoolers: Effects of Academic Skills and Self-Perceptions of Competence», *Early Education and Development,* julio de 1995, vol. 6 (3), pp. 197-213.

Tatsumi K., A. Yoshinori, Y. Yokota, M. Ashikaga, S. Tanaka, T. Sakai, «Effects of Body Touching on the Elderly», *Journal of International Society of Life Information Science,* marzo de 2000, vol. 18 (1), pp. 246-250.

Völkl, K., «School Warmth, Student Participation, and Achievement», *Journal of Experimental Education,* vol. 63 (2), pp. 127-138.

Perdón

Davidhizar, R. E., C. R. Laurent, «The Art of Forgiveness», *Hospital Material Management Quarterly,* febrero de 2000, vol. 21 (3), pp. 48-53.

Farrow, T. F., Y. Zheng, I. D. Wilkinson, S. A. Spence, J. F. Deakin, N. Tarrier, P. D. Griffiths, P. W. Woodruff, «Investigating the Functional Anatomy of Empathy and Forgiveness», *Neuroreport,* 8 de agosto de 2001, vol. 12 (11), pp. 2433-2438.

Mickley, J. R., K. Cowles, «Ameliorating the Tension: Use of Forgiveness for Healing», *Oncology Nursing Forum,* enero-febrero de 2001, p. 28.

Van Oyen Witvliet, C., T. E. Ludwig, K. L. Van der Laan, «Granting Forgiveness or Harboring Grudges: Implications for Emotion, Physiology, and Health», *Psychological Science,* marzo de 2001, vol. 12 (2), pp. 117-123.

Contacto

Arnetz, B. B., T. Theorell, L. Levi, A. Kallner, P. Eneroth, «An Experimental Study of Social Isolation of Elderly People: Psychoendocrine and Metabolic Effects», Psychosomatic Medicine, 1983, vol. 45 (5), pp. 395-406.

Brummett, B. H., J. C. Barefoot, I. C. Siegler, N. W. Clapp-Channing, B. L. Lytle, H. B. Bosworth, R. B. Williams, D. B. Mark, «Characteristics of Social Isolated Patients with Coronary Artery Disease Who Are at Elevated Risk of Mortality», Psychosomatic Medicine, 2001, vol. 63, pp. 267-272.

Buber, M., I and Thou, Free Press, Nueva York, 1971. [Versión castellana: Yo y tú, Caparros Editores, Madrid, 1995].

Coben, S., W. J. Doyele, R. Turner, C. M. Alper, «Sociability and Susceptibility to the Common Cold», Psychological Science, septiembre de 2003, vol. 14 (5), pp. 389-395.

House, J. S., «Social Isolation Kills, but How and Why?», Psychosomatic Medicine, 2001, vol. 63, pp. 273-274.

Levi, P., Se questo è un uomo, Einaudi, Turín, 1956. [Versión castellana: Si esto es un hombre, El Aleph Editores, Barcelona, 1998; versión catalana: Si això és un home, Edicions 62, Barcelona, 1998; versión gallega: Se isto é um homem, Bibliotex, Barcelona, 2002.]

Michelsen, H., C. Bildt, «Psychosocial Conditions on and off the Job and Psychological Ill Health: Depressive Symptoms, Impaired Psychological Wellbeing, Heavy Consumption of Alcohol», Occupational and Environmental Medicine, enero de 2003, vol. 60, pp. 489-496.

Roberts, E. R., S. J. Shema, G. A. Kaplan, W. J. Strawbridge, «Sleep Complaints and Depression in an Aging Cohort: A Prospective Perspective», American Journal of Psychiatry, enero de 2000, vol. 157, pp. 81-88.

Stevens, F.C., G. A. Kaplan, R. W. Ponds, J. P. Diederiks J.P., J. Jolles, «How Ageing and Social Factors Affect Memory», Age and Ageing, 1999, vol. 28, pp. 379-384.

Terrel, F., «Loneliness and Fear of Intimacy among Adolescents who were Taught not to Trust Strangers during Childhood», Adolescence, invierno de 2000.

Thorbjornsson, C. O., L. Alfredsson, K. Fredriksson, M. Koster, E. Vingard, M. Torgen, A. Kilbom, «Psychosocial Risk Factors Associated with Low Back Pain: A 24 Year Follow-up Among Women and Men in a Broad Range of Occupations», *Occupational and Environmental Medicine*, vol. 55, pp. 84-90.

Yasunari, K., D. Keene, M. Masayuki, *The Tale of the Bamboo Cutter*, Kodansha International, Tokio, 1998.

Zuckerman, D. M., S. V. Kasl, A. M. Ostfeld, «Psychosocial Predictors of Mortality Among the Elderly Poor. The Role of Religion, Well-being, and Social Contacts», *American Journal of Epidemiology*, 1984, vol. 119 (3), pp. 410-423.

Sentirse integrado

Dolbier, C., «The Development and Validation of the Sense of Support Scale», *Behavioral Medicine*, invierno de 2000.

Hagerty, B. M. K., J. Lynch-Sauer, K. L. Patusky, M. Bouwserna, P. Collier, «Sense of Belonging: A Vital Mental Health Concept», *Archives of Psychiatric Nursing*, junio de 1992, vol. VI (3), pp. 172-177.

Hagerty, B. M. K., R. A. Williams, J. C. Coyne, M. R. Early, «Sense of Belonging and Indicators of Social and Psychological Functioning», *Archives of Psychiatric Nursing*, agosto de 1996, vol. X (4), pp. 235-244.

Hagerty, B. M. K., R. A. Williams, «The Effects of Sense of Belonging, Social Support, Conflict, and Loneliness on Depression», *Nursing Research*, julio-agosto de 1999.

Hunter, E., «Adolescent Attraction to Cults», *Adolescence*, otoño de 1998.

Walsh, A., «Religion and Hypertension: Testing Alternative Explanations among Immigrants», *Behavioral Medicine*, otoño de 1998.

Confianza

Barefoot, J. C., K. E. Maynard, J. C. Beckham, B. H. Brummett, K. Hooker, I. C. Siegler, «Trust, Health and Longevity», *Journal of Behavioral Medicine*, vol. 21 (6), pp. 517-526.

Hampes, W. P., «The Relationship between Humor and Trust», *Humor: International Journal of Humor Research*, 1999, vol. 12 (3), pp. 253-259.

Hyde-Chambers, F. A. Hyde-Chambers, *Tibetan Folk Tales*, Shambhala Boston, 1981.

Kramer, R. M., «Trust and Distrust in Organizations», *Annual Review of Psychology*, anuario, 1999.

Lovejoy, B. H., «Trust in Self, Others and God: Influences of Adult Survivors of Hurricane Iniki», *Dissertation Abstracts International*, Section A: Humanities and Social Sciences, agosto de 1995, vol. 56 (2-A).

McColl, M. A., J. Bickenbach, J. Johnston, S. Nishihama, M. Schumaker, K. Smith, M. Smith, B. Yealland, «Changes in Spiritual Beliefs after Traumatic Disability», *Archives of Physical Medicine and Rehabilitation*, 2000, vol. 81 (6), pp. 817-823.

Yamagishi, T., M. Kikuchi, M. Kosugi, «Trust, Gullibility, and Social Intelligence», *Asian Journal of Social Psychology*, abril de 1999, vol. 2 (1), pp. 145-161.

Yunus, M., *Il banquiere dei poveri*, Feltrinelli, Milán, 1998. [De este autor puede verse en castellano *Hacia un mundo sin pobreza*, Edit. Andrés Bello, Barcelona, 2.ª ed, 2000; Edit. Complutense, Madrid, 1998/2004.]

Zaheer, A., B. McEvily, V. Perrone, «Does Trust Matter? Exploring the effects of Interorganizational and Interpersonal trust on Performance», *Organization Science*, marzo-abril de 1998, vol. 9 (2), pp. 141-159.

Prestar atención

Cleary, T., *The Spirit of Tao*, Shambala, Boston, 1991.

Forest, H., *Wisdom Tales from around the World*, August House, Little Rock, 1996.

Langer, E. J., *Mindfulness*, Perseus Books, Cambridge, 1989. [Versión castellana: *Cómo obtener una mentalidad abierta*, Paidós, Barcelona, 1991.]

Langer, E. J., «Mindfulness Research and the Future», *Journal of Social Issues*, primavera de 2000.

Sternberg, R. J., «Images of Mindfulness», *Journal of Social Issues*, primavera de 2000.

Wiseman, R., *The Luck Factor*, Hyperion, Nueva York, 2003. [De este autor puede verse en castellano *Nadie nace con suerte: primer estudio científico que enseña a atraer la buena fortuna*, Temas de Hoy, Madrid, 2003.]

Empatía

Bellini, L. M., M. Baime, J. A. Shea, «Variation in Mood and Empathy during Internship», *Journal of the American Medical Association*, 19 de junio de 2002, vol. 287 (23), pp. 3143-3146.

Carlozzi, A. F., K. S. Bull, G. T. Eells, J. D. Hurlburt, «Empathy as Related to Creativity, Dogmatism and Expressiveness», *Journal of Psychology*, julio de 1995, vol. 129 (4), pp. 365-373.

Dalai Lama, D. Goleman, *Destructive Emotions*, Bantam Books, Nueva York, 1995.

Goleman, D., *Emotional Intelligence,* Bantam Books, Nueva York, 1995. [Versión castellana: *Inteligencia emocional*, Edit. Kairós, Barcelona, 1996/2004.]

Hojat, M., J. S. Gonnella, S. Mangione, T. J. Nasca, J. J. Veloski, J. B. Erdmann, C. A. Callahan, M. Magee, «Empathy in Medical Students as Related to Academic Performance, Clinical Competence and Gender», *Medical Education*, Educ junio de 2002, vol. 36 (6), pp. 522-527.

Kearney, M., *Mortally Wounded*, Touchstone, Nueva York, 1997.

Kohn, A., *The Brighter Side of Human Nature*, Basic Books, Nueva York, 1990.

Krebs, D., «Empathy and altruism», *Journal of Personality and Social Psychology*, diciembre de 1975, vol. 32 (6), pp. 1.134-1146.

Lee, H. S., P. F. Brennan, B. J. Daly, «Relationship of Empathy to Appraisal, Depression, Life Satisfaction, and Physical Health in Informal Caregivers of Older Adults», *Research in Nursing Health*, febrero de 2001, vol. 24 (1), pp. 44-56.

Monteith, M., «Why We Hate», *Psychology Today*, mayo-junio de 2002, vol. 35 (3), p. 44.

Salzinger, K., «Psychology on the Front Lines», *Psychology Today,* mayo-junio de 2002, vol. 35 (3), p. 34.

Humildad

Shah, A., *Tales of Afghanistan*, Octagon Press, Londres, 1982.
Weiss, H. M., P. A. Knight, «The Utility of Humility: Self-Esteem, Information Search, and Problem-Solving Efficiency», *Organizational Behavoir & Human Decision Processes*, abril de 1980, vol. 25 (2), pp. 216-223.

Paciencia

Levine, R., *A Geography of Time*, Basic Books, Nueva York, 1997.

Generosidad

Cauley, K., B. Tyler, «The Relationship of Self-Concept to Pro-social Behavior in Children», *Early Childhood Research Quarterly*, 1989, vol. 4, pp. 51-60.
Kishon-Barash, R., E. Midlarsky, D. R. Johnson, «Altruism and the Vietnam Veteran: The Relationship of Helping to Simptomatology», *Journal of Traumatic Stress*, octubre de 1999, vol. 12 (4), pp. 655-662.
Krause, N., B. Ingersoll-Dayton, J. Liang, H. Sugisawa H., «Religion, Social Support, and Health among the Japanese Elderly», *Journal of Health and Social Behavior,* diciembre de 1999, vol. 40 (4), pp. 405-421.
Lamanna, M. A., «Giving and Getting: Altruism and Exchange in Transplantation», *Journal of Medical Humanities*, 1997, vol. 18 (3), pp. 169-192.
Piliavin, J. A., H. Charng H., «Altruism: A Review of Recent Theory and Research», *Annual Review of Sociology*, 1990, vol. 16, pp. 27-65.
Renwick Monroe, K., *The Heart of Altruism*, Princeton University Press, Princeton, 1990.

Russell, G. W., R. K. Mentzel, «Sympathy and Altruism in Response to Disasters», *The Journal of Social Psychology*, vol. 130 (3), pp. 309-317.

Seelig, B. J., W. H. Dobelle, «Altruism and the Volunteer. Psychology Benefits from Participating as a Research Subject», *ASAIO Journal*, enero-febrero de 2001, vol. 47 (1), pp. 3-5.

Sesardic, N., «Recent Work on Human Altruism and Evolution», *Ethics*, octubre de 1995, vol. 106, pp. 128-157.

Simmons, R. G., M. Schimmel, V. A. Butterworth, «The Self-image of Unrelated Bone Marrow Donors», *Journal of Health and Social Behavior*, diciembre de 1993, vol. 34 (4), pp. 285-301.

Respeto

Rosenthal, R., *Pygmalion in the Classroom,* Crown, Nueva York, 1992. [Versión castellana: *Pigmalión en la escuela: expectativas del maestro y desarrollo intelectual del alumno*, Marova, Madrid, 1980.]

Sterling Livingston, J., «Pygmalion in Management», *Harvard Business Review,* enero de 2003.

Tyler, K., «Extending the Olive Branch: Conflict Resolution Training Helps Employees and Managers Defuse Skirmishes», *HR Magazine,* noviembre de 2002.

Williams, K. D., «Social Ostracism», en R. M. Kowalski, *Aversive Interpersonal Behaviors,* Plenum Press, Nueva York, 1997.

Zeitlin, S., ed., *Because God Loves Stories*, Touchstone, Nueva York, 1997.

Flexibilidad

Robinson, L., «Interpersonal Relationship Quality in Young Adulthood: A Gender Analysis», *Adolescence*, invierno de 2000.

Strayhorn, J. M., «Self-control: Theory and Research», *Journal of the American Academy of Child and Adolescent Psychiatry*, enero de 2002.

Memoria

Demetrio, D., *Pedagogia della memoria*, Meltemi, Roma, 1998.
Marani, D., *Memoria callada*, Gadir, Madrid, 2004.

Lealtad

Buber, M., M. Friedman (traduc.), *The Legend of the Baal-Shem*, Princeton University Press, Princeton, 1995.
Ladd, G. W., B. J. Kochenderfer, C. C. Coleman, «Friendship Quality as a Predictor of Young Children's Early School Adjustment», *Child Development,* junio de 1996, vol. 67 (3), pp. 1103-1118.
Lepore, S. J., «Cynicism, Social Support, and Cardiovascular Reactivity», *Health Psychology*, mayo de 1995, vol. 14 (3), pp. 210-216.
Stevens, N., «Friendship as a Key to Wellbeing: A Course for Women over 55 Years Old», Tidjschrift voor Gerontolie en Geriatrie, febrero de 1997, vol. 28 (1), pp. 18-26.

Gratitud

Emmons, R. A., C. A. Crumpler, «Gratitude as a Human Strength», *Journal of Social and Clinical Psychology*, 2000, vol. 19 (1), pp. 56-69.
Emmons, R. A., M. E. McCullough, «Counting Blessings versus Burdens: An Experimental Investigation of Gratitude and Subjective Well-Being in Daily Life», *Journal of Personality and Social Psychology,* febrero de 2003, vol. 84 (2), pp. 377-389.

Servicio

Caddy, E., D. E. Platts, *Bringing More Love into Your Life: The Choice is Yours*, Findhorn Press, Findhorn, 1992.
Frizzel, B., «Self-focused Attention in Depression and its Relationship to Internal Self-Discrepancies and Ruminations in Deci-

sion-Making», *Dissertation Abstracts International*, julio de 1992, vol. 53 (1-B9), p. 562.

Gilbert, J. D., «Effects of Self-Focused Attention on Mood and Meta-mood», *Dissertation Abstracts International,* marzo de 1995, vol. 55 (9-B), p. 4157.

Huflejt-Lukasik, M. «Depression, Self-focused Attention, and the Structure of Self-Standards», *Polish Psychological Bulletin,* 1998, vol. 29 (1), pp. 33-45.

Ingram, R. E., K. Wisnicki, «Situational Specificity of Self-focused Attention in Disphoric States», *Cognitive Therapy and Research*, diciembre de 1999, vol. 23 (6).

Jaffe, N., S. Zeitlin, *The Cow of No Color*, Henry Holt, Nueva York, 1998.

McFarland, C., R. Buehler, «The Impact of negative Affect on Autobiographical Memory: The Role of Self-focused Attention to Moods», *Journal of Personality and Social Psychology*, diciembre de 1998, vol. 75 (6), pp. 1424-1440.

Sakamoto, S., «The Relationship between Rigidity of Self-focused Attention and Depression», *Japanese Journal of Educational Psychology*, diciembre de 1993, vol. 41 (4), pp. 407-413.

Schneider, B., D. E. Bowen, «Understanding Customer Delight and Outrage», *Sloan Management Review*, otoño de 1999.

Sullivan, G. B., Sullivan, M. J., «Promoting Wellness in Cardiac Rehabilitation: Exploring the Role of Altruism», *Journal of Cardiovascular Nursing*, abril 1997, vol. 11 (3), pp. 43-52.

Thoits, P. A., L. N. Hewitt, «Volunteer Work and Bell-Being», *Journal of Health and Social Behavior,* junio de 2001, vol. 42 (2), pp. 115-131.

Trout, S., *Born to Serve*, The Roses Press, Alexandria, 1997.

Alegría

Brown, L., «Laughter: the Best Medicine», *Canadian Journal of Medical Radiation Technology*, agosto de 1991, vol. 22 (3), pp. 127-129.

Cohn, J. F., E. Z. Tronick, «Three-Month-Old Infants's Reaction to Simulated Maternal Depression», *Child Development*, febrero de 1983, vol. 54 (1), pp. 185-193.

Hassed, C., «How Humour Keeps you Well», *Australian Family Physician*, enero de 2001, vol. 30 (1), pp. 25-28.

Peterson, C., M. E. Seligman, «Character Strengths before and after September 11», *Psychological Science*, julio de 2003, vol. 14 (4), pp. 381-384.

Ryan, R. M., «On Happiness and Human Potentials: A Review of Research on Hedonic and Eudaimonic Well-Being», *Annual Review of Psychology*, 2001.

Seligman, M., *Learned Optimism*, Knopf, Nueva York, 1991.

Conclusión

Editores de Conari Press, *Random Acts of Kindness,* Conari Press, York Beach, 1993.

«A Dalai Lama Treasury», *Shambala Sun*, septiembre de 2003, p. 62.

Epílogo

Ante todo, deseo dar las gracias a mi esposa por leer el texto en italiano y traducirlo al inglés. Sin tu ayuda, querida Vivien, este libro habría sido más prolijo y empalagoso. O quizá no habría existido. Gracias por estar ahí, en mi libro y en mi vida.

También deseo dar las gracias a Linda Michaels, mi agente. Querida Linda, me has prestado una ayuda impagable, antes, durante y después de escribir este libro, con tu aliento, inspiración y hechos concretos. ¡Confío en que sigamos así!

Mi gratitud a Laura Huxley. Querida Laura, he aprendido mucho de ti sobre la bondad y el arte de vivir.

Vaya también mi gratitud a Andrea Bocconi. Querido Andrea, gracias por tomarte la molestia de leer el manuscrito y comentarlo conmigo. El favor de un amigo auténtico.

Gracias a Teresa Cavanaugh y Marcella Meharg por vuestros consejos e indicaciones.

Y gracias a mis hijos, parientes, amigos, colaboradores, maestros, alumnos, y a todos los que me han inspirado con sus ideas y su bondad.

Fiésole, mayo de 2004
PIERO FERRUCCI

Biografía

Piero Ferrucci nació en Turín, Italia, en 1946. Después de licenciarse en filosofía, estudió en Florencia con Roberto Assagioli, el fundador de la psicosíntesis. Preparó la edición del libro *The Human Situation* (Harper, 1976), una recopilación de las conferencias inéditas de Aldous Huxley. Ha escrito *What We May Be* (Tarcher, 1982); *Inevitable Grace* (Tarcher, 1989); *Introduzione alla Psicosintesi* (Edizioni Mediterranee, 1993) y *What Our Children Teach Us* (Warner, 1997). En colaboración con Laura Huxley escribió *The Child of Your Dreams* (Inner Traditions International, 1987). Sus libros han sido publicados en todo el mundo.

Piero Ferrucci es psicoterapeuta y ejerce desde hace treinta años en Florencia. Vive con su esposa y sus dos hijos en la campiña toscana.

Obras del autor en castellano:

Gracia inevitable: creatividad, éxtasis, iluminación: las nuevas fronteras de la psicología, Los Libros del Comienzo, Madrid, 1996.

Psicosíntesis, Edit. Sirio, Málaga, 1987.

Nuestros maestros los niños, Edic. Salamandra, Barcelona, 1999.

Ver: Efesios 4: 29-32